服刑人员
团体心理辅导实务

舒 姝◎著

云南出版集团
云南人民出版社

图书在版编目（CIP）数据

服刑人员团体心理辅导实务 / 舒姝著 . —昆明：云南人民出版社，2018. 8（2021.7）
ISBN 978-7-222-17243-2

Ⅰ. ①服… Ⅱ. ①舒… Ⅲ. ①犯罪分子—心理辅导 Ⅳ. ① D916.7

中国版本图书馆 CIP 数据核字（2018）第 116144 号

责任编辑：赵 红 任 娜
责任校对：王 逍
责任印制：代隆参
装帧设计：李富昱

服刑人员团体心理辅导实务
FUXING RENYUAN TUANTI XINLI FUDAO SHIWU
舒 姝 著

出版 云南出版集团 云南人民出版社
发行 云南人民出版社
社址 昆明市环城西路609号
邮编 650034
网址 www.ynpph.com.cn
E-mail ynrms@sina.com
开本 787mm×1092mm 1/16
印张 12
字数 200千
版次 2018 年 8 月第 1 版 2021 年 7 月第 3 次印刷
印刷 昆明琨煜印务有限公司
书号 ISBN 978-7-222-17243-2
定价 48.00元

云南人民出版社微信公众号

如需购买图书、反馈意见，请与我社联系
总编室：0871-64109126 发行部：0871-64108507 审校部：0871-64164626 印制部：0871-64191534

前　言

进入 21 世纪以来，随着狱政管理精细化建设要求的不断提高，以及对服刑人员教育改造工作的不断深入，服刑人员的心理矫治工作，作为一种改造服刑人员的手段发挥了越来越重要的作用。面对现今押犯的多样化、改造精细化、人员构成复杂化等特点，对可能存在心理困扰或问题的服刑人员进行逐一的“个体心理辅导”是很难满足监狱实际实际需求的，而心理讲座、心理健康教育等方式虽然能覆盖到普遍的服刑人员，但深度不够，难以有针对性地解决服刑人员具体的心理困扰或问题。正因为如此，涉及面更广、影响范围更大的“团体心理辅导”作为一种重要的心理干预手段在现实中得到了越来越多的推广应用。越来越多的监狱心理咨询师开始“两条腿”走路，不仅开展个体心理辅导，也开始了团体心理辅导，但由于团体心理辅导与个体心理辅导相比，对领导者在前期访谈、人员组织、过程干预等等方面的要求更高，因而对团体领导者的专业综合运用能力也提出了新的挑战。

如何做到不是为了游戏而游戏，而是通过将复杂的治疗理论，结合组员情况设计到每一个游戏环节中，并能让参与的服刑人员有所收获，对于初学者而言，需要经过一段时间的探索与总结，考虑到为了使监狱内团体心理辅导工作能尽快打开局面，有一定的参考案例，特编制了本书。

本书一共分为四个部分，第一部分为“理论篇”，主要涉及服刑人员团体心理辅导过程中必须要掌握的基本概念、步骤以及注意事项，由于是专门针对服刑人员团体心理辅导的实际工作而展开，因此，该部分理论具有很强的实践指导作用，需要初学者在学习理论的同时，结合实际案例的开展，不断总结与体会。第二部分是“案例篇”，作为本书的重点，内容涉及目前狱内近几年已经开展的团体辅导案例的汇编（其中第一节的专题五、六、七、八，由云南省第三女子监狱心理健康指导中心干警张磊提供），目的在于提供给初级心理咨询师在设计团体心理辅导方案时可以参考。有针对性地开发出一套特定服刑人员团体心理辅导方案，对于现阶段监狱开展心理健康辅导工作具有很大的实用价值。第三部分是“教学篇”，本部分是针对培训“监狱团体心理领导者”而开发的实训课程，通过内容丰富的实训内容开展培训教学，不仅可以让每一个团体辅导的初学者能实际参与教学体验，把握团体工作的整个过程，而且可以达到初步掌握团体心理辅导常用技术的要领，初学者在认真完成该实训课程的学习后，基本可以达到独立设计团体心理辅导方案的目的。第四部分是“量表篇”，收录了心理辅导工作中常用的 12 个量表，可作为开展团体心理辅导工作进行定量化研究的一个辅助工具。

成为一名能够胜任各种类型服刑人员群体的团体领导者并非易事，初学者需要从最初的模仿开始，不断尝试、总结、再实践、再总结，并在理论与实践上不断寻求突破，才可能把团体心理辅导与治疗的技术真正运用到服刑人员这个特殊的群体中。笔者坚信，只要我们不断努力，经由扎实系统的专业培训、积极接受行业督导的专业指导、主动积极地在实践中反复应用，司法行业中定会不断涌现出大批合格的团体心理领导者，从而，使更多的服刑人员在团体心理辅导与治疗中受益和成长！

舒　姝

2017 年 3 月于昆明

目　录

第一章　理论篇

第一节　服刑人员团体心理辅导的基本概念

一、概念及应用

服刑人员团体心理辅导，是团体辅导（咨询及治疗）技术在服刑人员群体中的一种应用。目前，国内外大量的实证研究已经证实团体心理辅导的有效性，同时，越来越多的实践也表明团体心理辅导在服刑人员群体中更是具有独特的疗效及应用价值，尤其对那些具有相同或类似心理困扰的服刑人员而言，通过参加设计良好、组织严谨的团体心理辅导，在数次密集性的团体活动之后，几乎人人都能有所收获，许多服刑人员甚至在行为表现上发生了显著的建设性改变。

二、11 个疗效因子

团体心理辅导作为一种高效的心理治疗手段，根据欧文・亚隆（2013）的观点，对于促进成员症状改善的原因，主要取决于：重塑希望、普遍性、传递信息、利他主义、原生家庭的矫正性重现、提高社交技巧、行为模仿、人际学习、团体凝聚力、宣泄及存在意识 11 个疗效因子[1]。笔者与同行在对服刑人员团体的运用中发现，这 11 个因子同样发挥着关键性的作用。

（一）重塑希望

团体领导者，有义务让每位入组的服刑人员对团体辅导的效果建立信心。首先，在入组之初，可通过对团体性质的有力介绍，让组员对团体产生积极的期望，消除固有成见。其次，在团体进行过程中，应不断发现与报告组员的进步，一般而言，入组的服刑人员都会带有某些相同或相似的问题，当看到他人进步或者被他人见证自己的进步时，对于长期对自我改善失去信心的服刑人员而言，无疑是非常重要的。另外，关键因素是团体领导者对自我的信任，以及相信团体会发生改变的可能，领导者需要在入组访谈、团队引导过程中不断将这种乐观情绪感染给组员。最后，团体领导者要利用一切可以利用的因素来帮助组员重塑希望，如：新入监的服刑人员可以通过与入监时间久、适应表现良好的服刑人员取得联系，采用案例、书信、视频观摩等形式，以自己“浪子回头”式的事迹为内容，分享积极处理类似困扰或问题的经验，激起组员们对团体辅导及教育改造的希望。

（二）普遍性

许多服刑人员在入组之前，忧心忡忡，认为自己是唯一的不幸者，更有许多服刑人员参加团体心理辅导是因为由监区强制安排，甚至在监区会有被孤立、被排斥的感觉，常常会询问干警：“我被选中是不是因为有心理问题？”对参加团体辅导有着非同寻常的心理压力。因此，团体领导者需要在团体开始时，就鼓励组员表达其担忧，并对独特的心理感受给予肯定，这本身就可以达到缓解情绪的效果，对于其余组员而言，当听到有服刑人员暴露自己类似的担忧时，他们会产生共鸣，找到“同是天涯沦落人”的感受。

尽管每位服刑人员所需要改善的症状都十分复杂，但他们仍具有某些共同的本质，随着团体进行的深入，组员们很快就能看到彼此之间的相似之处。如：某位近期因家庭变故的服刑人员表达出了自己绝望，另一位曾经也因家庭变故而产生自杀想法，最后恢复情绪、重拾人生的服刑人员可能会给出共鸣。组员中这种深深的共鸣性回馈所能达到的效果，是团体领导者一己之力难以企及的。另外，当服刑人员发现其他人也有相同的困扰与生活经历时，会发现自己并不孤单，产生“原来我们都一样”的归属感，如：分享生活早期的创伤经历，成员可以意识到，原来其他人也与自己一样，长期以来也背负着深深的羞耻感与罪恶感，并逐渐意识到犯罪与症状是未满足的愿望的变形表达，而自己也是有能力选择让这些愿望以合法、合理、健康的形式表达的，每个成年人都需要为自己的选择负责。

（三）传递信息

传递信息分为来自领导者的“心理教育”与来自组员之间的“直接忠告”两种。“心理教育”，是指领导者给团体成员传递一些有关症状的相关知识，包括澄清信息以抑制谣言、改变病理性思维、提供理论框架及解释疾病过程等。如：对于严重焦虑的服刑人员团体，领导者可以教授正念、冥想等放松训练的方法；对于丧亲的哀伤治疗团体，领导者可以解释哀伤的自然发展阶段，使其对丧亲后可能要经历的情绪变化有所准备，帮助服刑人员正确认识并摆脱痛苦；对于慢性疾病的服刑人员团体，领导者可以提供大量与疾病相关的医学信息，矫正其对疾病产生的非理性的恐惧，并学会适应性的应对方式。带有“解释”与“澄清”性质的心理教育方式，尤其适用于心理危机团体的干预治疗。人类总是憎恨不确定的事物，而创伤性事件无疑扩大了组员不确定的焦虑感，而团体领导者这种传递信息的方式，将极大地减少组员的不确定感，使服刑人员在面对创伤性焦虑时不再消极回避，而采用更加积极的方式去应对危机。

同时，与“心理教育”不同的是团体早期常常出现的“直接忠告”，当一位组员表达自己的困惑时，常常有组员跳出来表达“我觉得你应该……（这样做）。”事实上，由于这些建议往往没有经过却身处地的换位思考，带有较强的主观臆断色彩，因而这样直接给予建议的方式常常被证明是无效的。同时，欧文·亚隆也指出：给予忠告与寻求忠告的行为，常常是说明人际关系不良的一个重要线索。此时，领导者需要理解的是：重要的不是忠告本身，而是组员通过忠告暗示了彼此之间的相互的关心与兴趣。

（四）利他主义

在团体辅导中，服刑人员不仅可以通过接受领导者或组员的帮助而获益，同时，也可以通过帮助他人来提高自尊。对于服刑人员而言，由于带有特殊的身份标签，常常觉得自己无力为他人提供任何有价值的东西，甚至长期认为自己一无是处，当他发现自己对他人很重要时，这种不一样的体验会给他带来价值感。对于服刑人员团体而言，组员更容易接受同组成员的看法，而较少接受团体领导者的意见，在大部分服刑人员看来，团体领导者没有犯罪、被捕、关押、受审、服刑等相关经历，有“站着说话不腰疼”的感受，而来自组员自发、真诚的反馈才是最可靠的。在团体治疗的后期回顾中，几乎所有的服刑人员都会认为，其他组员对自己在团体内取得的进步有着重要的影响，这些影响包括他人提供的支持与建议，有时甚至是每次想到有某位组员也正在同一监狱服刑，就能感受到他们之间的相互支持，并以此作为成长的动力。

（五）原生家庭的矫正性重现

对于大多数参加团体辅导的服刑人员而言，在入狱前的最初也是最重要的团体——原生家庭，往往给其带来过不愉快的经历。根据徐凯文对北京市 10 所监狱中 2690 名服刑人员的调查研究表明：服刑人员童年期的创伤经历较大学生明显偏高，主要体现在躯体虐待与性虐待上，而创伤往往发生在原生家庭中[16]。

而团体辅导在很多方面都类似于家庭，特别是长期性的团体，一旦服刑人员消除了最初的拘谨与不安，他（她）迟早会在团体中表现出其最初与父母双亲、兄弟姐妹手足互动的方式，并用这种长期习得的方式与团体领导者及其余组员进行互动。如：有时组员会把领导者与权威的父母角色相联系，形成对治疗师的过度依赖、讨好，盲目相信或反对，甚至是敌对；有的服刑人员也会将其余组员看作是竞争对手，即：手足竞争的再现，通过竞争排挤或制造同盟的方式，来吸引领导者的注意与关心等等；在有协同治疗师存在的情况下，有的服刑人员也会通过排挤某个协同治疗师，来积极向另一位靠拢，由此可以窥见其具有“挑拨双亲不和”的象征等。

对于团体辅导过程中出现的上述情况，治疗师要明确的是：早期原生家庭的冲突再现是重要的，这可以帮助来访者了解到自己僵化的行为模式，同时，团体领导者要不断地鼓励其探索尝试新的行为，渐渐松动其固有的人际模式，即：创造机会让服刑人员在团体中体会到“矫正性的体验”是更重要的。

（六）提高社交技巧

沙利文认为，与人建立亲密关系的需要和其他生物性需求一样，是一种基本需求。对于大部分的服刑人员而言，对自己阻碍社交的僵化行为习惯不能自知，以及缺乏合适的社交技巧，是造成其心理困惑的两大主要原因，而团体辅导则可以提供给其正确的社交反馈。如某位服刑人员在给个体治疗中表达了自己在人际交往中的种种受挫，主要表现为难以建立长期稳定的人际关系，三人互监小组及同舍中的其他服刑人员对其表示疏远。在几次的个体治疗难以找到原因之后，治疗师邀请其参加到团体治疗小组中。在小组中，发现该服刑人员总是不断打断他人说话，而且唠叨、话题缺乏中心、不着边际。当小组中有组员他将这种“让听众烦躁、想逃离”的感受反馈给他时，这位服刑人员终于找到了自己人际受挫的原因来自于自己的说话方式。

同时，一个进展顺利的团体在治疗中后期会有机会学习到成熟的社交技巧，通过角色扮演等方式，组员会渐渐学会如何有效地回应他人，并对他人的困境进行较少的主观评价，采用更多共情的方式表达感受等等。而一旦服刑人员将这些在团体内学习到的社交技巧运用到现实的人际互动中，将会极大地提高其社交技能。

（七）行为模仿

行为主义学家班杜拉指出：直接学习无法完全解释全部的社会学习，个体在学习新行为的过程中，不一定要直接参与，可以通过大量的替代性学习来习得行为，即：通过观察与模仿获得新的行为技能。随着团体凝聚力的增加，支持性的关系进一步建立以后，服刑人员会观察到领导者或者其他组员解决问题的方式，并在内心进行自我比较。在团体进行的初期，这种观察对其作用更为明显。服刑人员会对领导者或某些有独特魅力的组员进行认同，并对其某些言行进行模仿，即便这样的模仿只是昙花一现，但也为个体提供了一个放弃旧行为、尝试新行为的机会，从而渐渐发展出合适自己的行为。

（八）人际学习

人际学习是团体心理辅导中一个特有的过程。欧文·亚隆认为：“人们内心的困扰均源于人际关系的冲突，最好的解决之道就是用团体的动力去化解。”其中指出了人际学习的三个要点：

第一，心理疾病来自扭曲的人际关系。当服刑人员在与他人发生人际互动时，往往不是以他人的现实属性为基础，其互动模式更多根源于内心深处关于人际互动的体验，这样就容易产生“扭曲性的移情”，如：一位长期在剥夺性、负担过重、父母情绪长期不良、被忽视的家庭中长大的女性服刑人员，从小就学会了压抑自己、照顾他人的情绪的依恋模式，其为了帮助男友筹集毒资，违背内心选择卖淫并帮助其运输毒品最终入狱的行为，也是其服从他人情感需求、长期自贬的人际关系原型的再现。

第二，团体可为个体提供一个矫正性的情感体验，即理性表达出感受是治疗改变过程中的核心。当团体中的服刑人员体验到团体中有足够的安全性之后，他们往往会冒险性、尝试性的公开表达情绪，如：出现一些强烈正面或负面的情感，对于表达者而言，这种表达是一种新奇的体验，尤其是在许多方面受限的监管环境中。这个时候，领导者需要引导其余团体组员对其进行真诚的回应，一旦服刑人员发现自己在真实表达之后，灾难并未随之而来，会唤醒其做出具有建设性的自我反省与人际互动，进而出现有效的现实检验。

第三，团体犹如社会缩影，团体心理辅导是用一种非自然的方式去处理社会中自然的体验，同时团体与社会之间是一种双向促进的关系。实际上，团体远比外面的现实世界更真实，团体消除了组员之间的社会地位、身份标签、性别差异与外部角色等，组员们一起在团体内经历一场共同的生活体验，当组员们愿意一起真诚表达、共同投入时，会自动卸去在外部世界中的种种掩饰性面具，如：讲出某个不为人知的经历，表现出平时难于窥见的言行等。随着时间的推移，团体内的服刑人员会自动地、无意识地在团体中表现出他们不良的人际关系盲点，领导者不仅需要帮助团体组员意识到自己的行为，同时也可以帮助其反思引发该行为的原因，即：行为的意义及动力，因为这种未经过反省的人际风格必然会在团体内制造出人际冲突，在此期间其余组员也要学会共情性的反馈，因为锋芒毕露的反馈是不成熟、无用、甚至是伤害性的，这样反而会给被反馈者带来被贬低的伤害等，而共情能力恰恰是情商的关键成分。一旦组员们学会给予与接纳了明确而有用的反馈，个体就会把从团体中学习的信息应用到更大的范围。

（九）团体凝聚力

简单而言，团体凝聚力是指团体对组员的吸引力。团体凝聚力不仅本身是一种强有力的治疗因素，同时，也是其余疗效因子能够发挥作用的前提。总体而言，团体凝聚力是一种存在于团体之间、良性互动且有力的人际关系，其中包括三个部分：组员与治疗师的关系、组员之间的关系以及组员与整个团体的关系。其中团体组员之间的关系，即感到接纳、归属、温暖与赞赏对个体的发展最为重要，对于许多服刑人员而言，他们之前很少参加某个集体治疗，或者不曾成为某个团体中具有价值且不可或缺的一员，因此，引导其在团体心理辅导中成功地与他人进行协作的过程本身就具有治疗意义，对于这些一向被疏离或自我封闭的服刑人员而言，团体心理辅导室是唯一能与人深交的场所，在经过几次辅导之后，有的服刑人员就表达了团体像自己寻找了很久的家的感觉，甚至多年以后，他们仍能回忆起那种接纳与归属感。正如对一名成功治疗的服刑人员的追踪访谈，其回顾时说：“虽然在团体结束后我就再也没见到当时的辅导老师与其他同改了，甚至有的人的相貌我不是回忆得很清楚，但在那些日子里，聚会给我带来的温暖却是受益终身的。”

（十）宣　泄

根据 Lieberman、Yalom 及 Miles 在对 210 名参加过 30 小时团体小组的临床实践的研究表明，单纯性的宣泄效果是非常有限的，相反，把宣泄情绪作为重要事件的个体而言，其疗效相对较差[1]。而能使宣泄真正发挥效果的原因在于：组员不仅能够进行情绪上的宣泄，更重要的是在情绪宣泄之后获得了认知上的反思能力，即：重新定义自己所经历的事件。在监狱团体辅导中，让服刑人员学会表达自己的真实情感，说出困扰自己的事情，并能够对另一成员表达负面或正面的情感无疑是非常重要的，它也是服刑人员意识到团体安全之后的一个表现，但情绪宣泄仅仅是心理辅导的一部分，团体治疗师还需要帮助组员从情绪事件中进行反思，收获意义，如：对于丧亲的服刑人员而言，不仅需要帮助其表达出哀伤的情绪，更重要的是帮助其认识到丧失的意义，并重新建立起今后生活的信心。

（十一）存在意识

存在意识源自存在主义，指对生命存在的意识，是一种对生命意义的探索，而非一套技术性的程序。其主要包括了：自由与责任、与生俱来的孤独、命运的安排、生存、生与死等这些议题。根据欧文·亚隆（2013）的研究发现，在对监狱、医院、精神科及物质依赖的一些团体治疗的研究中，小组成员会将存在意识的因子列为前三位[1]。

在团体进行的中后期，小组成员都将意识并体会到：其焦虑的真正的来源正是关于存在的意义，包括死亡、孤独、自由及虚无，这些议题逐渐反应出生存某些痛苦的真相：第一，期望符合自己心愿的一切能持续存在，但又清楚不得不面对死亡；第二，无论我能从别人那里获得多少的帮助与支持，但生活中许多时候仍需要独自面对，并为自己的生活负责；第三，我们渴望被他人尊重、爱护、理解、接纳，但却不得不经常体验到人与人之间总是存在无法逾越的鸿沟；第四，选择不仅带来自由，同时也带来孤独，成长也就意味着孤独；第五，我们毕生都在寻找意义，却发现生活本来就没有意义。当领导者能带领组员去勇敢地诠释上述生命意义时，团体将比之初获得更充实的存在方式，同时，团体心理辅导的疗效也将得到升华。

第二节　服刑人员团体辅导的步骤

在狱内开展服刑人员团体心理辅导，尤其是结构式团体，需要明确团体目标，进行方案设计、按步骤实施与评估改进，整个团体辅导的进展过程要紧扣团体目标的实现与否，因此，遵循团体心理辅导的步骤是团体领导者首先要明确的内容，一般而言，服刑人员团体心理辅导的步骤分为：方案设计、内容实施及疗效评估三步。

一、方案设计

在形成正式的团体之前，首先要有明确的团体方案，团体方案是团体心理辅导的地图，为整个团体心理辅导的有效开展起着领航的作用。对于结构式的团体而言，领导者通过活动的设计与安排，有计划地安排学习情景，帮助成员达到既定的治疗目标；而对于非结构性的团体而言，则对于每次团体的谈话内容与进展不做限制，但仍需要在方案中明确团体的目标、对象、团体规则、时间等注意事项，并对其进行说明。一般而言，方案设计应按照如下步骤进行：

（一）前期调研与资料收集

1. 需要考虑的因素

设计方案时，需要考虑各个监狱、监区的实际特点，明确团体方案的设计的基本要素，简称 6W+2H+I+E[2]。

表 1–1 团体方案设计需要考虑的基本要素

6W+2H+I+E	
Why（目标）	为什么要组织这次团体活动？目标是什么？
Who（分工）	由谁来组织？
Whom（性质）	活动以什么样的方式进行？
What（对象）	参加者是什么？年龄？特点？性别？
When（时间）	什么时间进行？日期、时间长短等。
Where（地点）	在哪里进行？有无后备地点？
How（程序）	如何进行（宣传、招募等）？
How much（资源）	人力、物力、财力
If（如果）	
Evaluation（评估）	

2. 调研与资料搜集

在狱内开展团体心理辅导之前，领导者事先做好调研及相关资料的搜集工作，需要事先了解服刑人员对团体的需求，如：可以从咨询个案中，各个监区教育科干事的汇报中，或者结合不同监狱或监区的实际情况，来发现服刑人员普遍关心与困扰的问题。另外也需要考虑团体活动的可行性问题，包括：领导者的带领经验与受训背景、协同治疗师的配备、服刑人员是否能保证出勤的情况、服刑人员所在监区的沟通与支持、服刑人员的身体状况等，另外需要提前做好相关资料的搜集整理工作，如：目前该类型团体心理辅导在国内外监狱中的应用开展情况、相关心理学理论、入组服刑人员的背景材料等。

（二）设计团体规划书

一般而言，狱内团体心理辅导都有事先安排、设计好的团体计划书，团体计划书一方面可以在带组时起到引领作用，另一方面也是向相关行政部门申报计划、申请经费支持及对外宣传、招募组员的重要依据。团体领导者应根据实际情况填写团体规划书，主要包括 10 项内容，详见表 1–2。

表 1-2　XX 监狱（监区）团体心理辅导方案设计表

1.团体性质与团体名称	结构化程度、学术名称、宣传名称
2.团体目标	总目标、阶段目标、活动目标
3.团体领导者	（1）领导者:（人数、学术背景、带领团体经验） （2）协同治疗师（人数、学术背景） （3）观察员（人数、学术背景） （4）督导师（学术背景、督导形式）
4.团体对象与规模	服刑人员人数、是否分组、服刑人员相关背景材料
5.团体活动时间	计划总时间、次数、每次时间、间隔
6.团体设计理论依据	（1）理论名称 （2）主要观点
7.团体活动场所	活动场所要求、环境布置
8.团体评估方法	评估工具、评估时间、评估内容 主要包括:（1）主观评估（服刑人员小结、访谈问卷设计） （2）客观评估（定量化研究问卷）
9.团体方案	团体过程计划表、单元执行计划表
10.其他	招募广告、财务预算、所需设备等

二、操作过程

（一）制作具体的团体方案

在完成了服刑人员团体心理方案的总设计表之后，就进入活动的具体设计与安排中，需要编制出团体心理辅导详细的过程计划，即完成团体过程计划表与团体活动单元计划表[2]。详见表 1-3、表 1-4。

表 1-3　团体过程计划表

次　数	单元名称	单元目标	预定活动内容	所需材料	时　间	备　注
一						
二						
三						

续表

次 数	单元名称	单元目标	预定活动内容	所需材料	时 间	备 注
四						
五						
六						
七						
八						

表 1-4 团体活动单元计划表

第 X 单元	单元名称：XXX
聚会时间	XXXX 年 X 月 X 日，X 时 X 分至 X 时 X 分
单元目标	目标 1： 目标 2：
活动内容	（含活动步骤及方式） 活动 1： 活动 2： 活动 N……

（二）组员入组

1. 招募组员

领导者在制订了团体心理辅导计划书之后，需要与所招募对象的监区进行沟通。一般而言，对于发展性、教育性、预防性的团体辅导方案针对的是人格相对完善的服刑人员，可以通过广播、宣传栏、招募广告、监区宣传等多种方式来促使服刑人员主动报名，以此获得组员的来源；而对于治疗性的团体，除了广告宣传之外，还可以通过问卷筛查、各监区推荐、狱内咨询师的个案中选取等。

组员的招募可以首先通过服刑人员心理辅导的全年或整个刑期规划，并结合特殊节日及活动，如：探视日、亲情帮教日、出监前夕、春节、中秋节等开展；其次要结合突发事件的时机进行，可以选取对突发事件影响较大的当事服刑人员进行集体干预，如：同监区或同监舍等等；最后，也可以从服刑人员中的特殊群体中进行选取，如：老病残服刑人员、慢性病或艾滋病服刑人员、三无类服刑人员、顽危型服刑人员等。

2. 人员筛选（含入组访谈）

对于已经报名、自愿参加、监区推荐的服刑人员并不一定适合入组，为了取得更积极的团体辅导效果，团体领导者还需要对他们进行筛选，筛选方法有：入组访谈、心理测验、书面报告等。

大部分学者认为，入组的成员必须有能力和愿意检视自己的人际行为，进行适当的自我暴露，并在团体中具有给予和接受反馈的能力。但考虑到监狱的特殊环境，开展服刑人员团体心理辅导时需要注意到三种情况：第一，由于每个服刑人员都需要通过劳动改造来获取一定的奖励分来争取减刑奖励，即便是该服刑人员符合入组条件，也要考虑其所在监区工作的整体安排，事前也应向服刑人员说明团体辅导的时间会占用其劳动改造时间，从而影响个人后期减刑等情况。第二，对于监区推荐入组的服刑人员，多属于被动参与，存在一定的抵触情绪，究其原因主要是对团体心理辅导的误解所致。因此，领导者需要对被动参与的服刑人员进行引导，澄清本次团体心理辅导的相关内容，如通过入组访谈、组织学习、召开预备会议、观看与团体有关的录像、宣传片、边看边解说等形式来消除组员的误解。研究表明，团体心理辅导前的认知准备是十分有必要的，和没有准备的团体相比，有准备的团体成员在团体开始后有更多的人际互动、情绪表达、责任承担，出勤率也较高，能大大提升团体的咨询效果[2]。第三，团体心理辅导的种类繁多，所谓的筛选标准很有可能只是针对某一个具体的团体而言。根据欧文·亚隆（2013）的观点：几乎所有的来访者都适合参加团体，这意味着某个服刑人员不适合进入某个团体，则仍然有适合其参与的团体，如：反社会人格障碍的服刑人员会在互动式、异质类的发展性团体中制造大量的障碍，由于他们的人际交往缺陷，常常耗竭团体精力，使团体陷入挫败、沮丧、迷茫的困境而不能自拔，这将会严重影响该类团体治疗的进展，但该服刑人员则可能成为具有相同反社会人格障碍问题的同质类团体的理想成员。

（三）实施团体心理辅导方案

根据柯里（1982）提出的四阶段论，团体领导者在实施团体心理辅导方案时，团体会经历初期阶段、转换阶段、工作阶段与结束阶段四个阶段，领导者要注意把握每个阶段的重点。详见表 1–5[2]。

表 1–5 柯里的四阶段发展论的重点

阶段	特征	成员的功能	可能出现的问题	领导者的功能
初期阶段	1. 彼此认识、试探； 2. 团体基本规范建立； 3. 团体担心被拒绝，较少有冒险行为； 4. 学习互助，建立信任感	1. 主动态度； 2. 学习表达自己； 3. 参与团体规范的建立； 4. 确定个人的特定目标； 5. 学习团体的基本过程	1. 有的成员会有看戏的心理，等待别人表达； 2. 有的会害怕，难以信任别人； 3. 有的会表现抗拒	1. 教导成员团体的基本规则； 2. 鼓励成员表达内心的感受； 3. 示范自我开放； 4. 帮助成员建立个人目标
转换阶段	1. 自我觉察提升，而开始有矛盾之心情，想安全的躲着，又想冒险的说话； 2. 抗拒、焦虑、自我防卫强； 3.会经历权利的争斗； 4. 会向领导者挑战，看看能否恰当地处理问题	1. 承认不舒服的负面情绪并将之表达出来； 2. 处理抗拒．依赖与独立的冲突； 3. 学习建设性的方法来面质他人	1. 可能会将别人归类，也可能会给自己加上标签而限制自己； 2. 可能不愿意表达负面情绪而造成彼此间的不信任； 3. 面质处理不当，从而使防卫性更强； 4. 可能形成小团体而彼此冲突	1. 教导成员了解及处理冲突的情境； 2. 协助成员了解其自我防卫的行为模式； 3. 示范出直接且机智灵活处理挑战的应对方式； 4. 鼓励成员讨论与此时此地相关的事件

续表

阶段	特　征	成员的功能	可能出现的问题	领导者的功能
工作阶段	1.凝聚力、信任感高； 2.彼此互为领导者，坦诚自由地表达及给予回馈； 3.较愿意冒险，让别人更深入地了解自己，并改变自己； 4.成员间的冲突较能得到有效而直接的处理； 5.较适时地面质及支持、鼓励他人	1.要将有意义的主题带入团体； 2.彼此轮流担负领导的功能； 3.开放的接受与给予反馈； 4.在生活中实行其在团体中所学到的技巧； 5.能面质他人，也能支持、鼓励他人	1.彼此熟悉，为了情面有时难以面质他人； 2.会有领悟，但有时做不到； 3.面子及情感融洽都会带来较大的压力	1.示范面质与支持，及二者之间如何取得平衡； 2.鼓励成员把领悟转化为行动，尝试新的行为； 3.有共同的主题，让成员能共同参与
结束阶段	1.有分离的焦虑 2.成员担心没有团体的支持后，能否将团体内所学到的内容（决定之事）应用到生活中； 3.对整个团体历程做回顾及统整。	1.尽量将所学带到日常生活中； 2.未完成的议题，或者还没有解决的议题，还要加以处理； 3.回顾团体的历程，并将所学加以吸收，使之成为自己认知的一部分。	1.因为要面临分离，有的成员难以面对，又变得自我封闭； 2.成员未回顾并做出统整； 3.有的成员未将团体结束作为成长的一个阶梯，并就此打住	1.处理成员面对分离的情绪； 2.给予成员时间、机会处理在团体中的未完成事件； 3.要让成员彼此间给予并接受建设性的回馈； 4.帮助成员统整其在团体中的所决定之事； 5.与成员定下家庭作业，使成员能继续执行其所决定之事

三、疗效评估

团体心理辅导方案实施完成后，疗效评估是结束阶段不可或缺的一项重要工作，团体心理辅导是否能达到预期效果，如：团体凝聚力建设的情况，团体成员是否有所收获，团体成员有无改变，团体领导者的工作方式是否恰当，有哪些地方需要改进等等内容，都将涉及今后同类团体心理辅导工作的进一步提升与应用。较常用的评估方法主要有以下几种：

（一）主观反馈

可以通过对服刑人员进行开放式或半开放式的访谈，鼓励其做自我报告，或者在团体结束后让其通过写日记、写信的方式向领导者回馈，同时设计有针对性的设计一些访谈问题，可以帮助领导者有效进行治疗的记录与信息把握。见表 1–6。

表 1–6　开放式团体效果访谈问卷（设计：樊富珉，2005）

序号	问　题
1	你对这次团体印象最深的是什么？
2	团体有什么特别的原因使你对于自己生活、个人态度及人际关系更为了解？
3	团体的经验对你个人的生活有哪些影响？
4	你个人在这次团体中有哪些收获？
5	你认为这次团体达到了什么效果？
6	你喜欢团体的哪些地方？你不喜欢团体的哪些地方？

续表

序号	问　题
7	如果要你用一两句话来说明团体对你的意义，你将如何回答？
8	我想，如果____ ____ ____ 的话，也许团体活动会更成功，效果更明显。
9	请从以下活动中选择，把代号填写在括号内。 我觉得（　　　　　　　　）团体活动对我最有帮助，我觉得（　　　　　　　　）团体活动没有太大意思。 （以下为举例） 第 1 次活动：①无家可归 ②青蛙跳水 ③信任之旅 第 2 次活动：①播撒爱心祝福 ②信任圈 ③独特的我 ④自画像 第 3 次活动：①播撒爱心祝福 ②解开千千结 ③欣赏、接纳他人 ④合理情绪治疗理论及方法训练 第 4 次活动：①“出身与成才”演讲比赛 ②认识贫困讨论 ③手语操——感恩的心 第 5 次活动：①播撒爱心祝福 ②同舟共济 ③倾听训练和讨论 ④戴高帽 ⑤情景练习 第 6 次活动：①播撒爱心祝福 ②手指操 ③微笑握手和寒暄 ④与陌生人交往 ⑤管理情绪 第 7 次活动：①播撒爱心祝福 ②成长三部曲 ③十只狐狸的故事 ④请帮助 ⑤表达感谢 第 8 次活动：①播撒爱心祝福 ②秘密大会串 ③爱心天使相认 ④合唱“真心英雄”

其次，在征得其允许的情况下，也可以鼓励其通过向监狱心理信箱投稿的方式，向其余服刑人员介绍其参与心得，也可以作为本次团体心理辅导活动的宣传材料。另外主观的效果反馈，不仅可以来自参加团体辅导的服刑人员本身，其所在监区干警及同改，在团体辅导期间及之后对其的评价也是反馈的重要来源。

（二）自编调查问卷

调查问卷是指团体领导者根据团体的具体情况设计的一系列有针对性的问题，涉及团体成员之间的关系、团体凝聚力、团体氛围、目标达成、领导者的工作方式及影响等方面的内容，自编调查问卷并一定要进行科学定量化，但因为是领导者针对本次团体心理辅导设计，且能有效搜集到组员的想法与感受，因此也是一种评估疗效的有效方法。如表 1–7，表 1–8。

表 1–7 团体成员主观评估量表（设计：樊富珉，2005）

你认为参加团体活动以来自己在哪些方面有所改变？请填写以下各项，即参加时间为 0，正负各有 5 点表示程度，如未改变则为 0，如果有改变请评估改变的方向和程度并在相应的数字上画圈作为标志。

1. |————|————|————|————|
–5 –4 –3 –2 –1 0 1 2 3 4 5
我不了解自己 我很了解自己

2. |————|————|————|————|
–5 –4 –3 –2 –1 0 1 2 3 4 5
我不愿理解别人 我愿意理解别人

3. |————|————|————|————|
–5 –4 –3 –2 –1 0 1 2 3 4 5
我不善与人沟通 我会与人很好沟通

4. |————|————|————|————|
–5 –4 –3 –2 –1 0 1 2 3 4 5
我不能控制情绪 我能控制情绪

5. |————|————|————|————|
–5 –4 –3 –2 –1 0 1 2 3 4 5
我总是坚守自己的秘密 我乐于与他人分享

6. |————|————|————|————|
–5 –4 –3 –2 –1 0 1 2 3 4 5
我总是以自我为中心 我总是关怀他人

7. |————|————|————|————|
–5 –4 –3 –2 –1 0 1 2 3 4 5
我无责任感 我有责任感

8. |————|————|————|————|
–5 –4 –3 –2 –1 0 1 2 3 4 5
我总是怀疑自己的能力 我总是相信自己

9. |————|————|————|————|
–5 –4 –3 –2 –1 0 1 2 3 4 5
我不愿合群 我乐于交友

10. |————|————|————|————|
–5 –4 –3 –2 –1 0 1 2 3 4 5
我不喜欢自己 我完全接纳自己

表 1–8　团体辅导过程成员自评表（设计：樊富珉，2005）

根据以下问题，用 1—5 的数值等级来评估您在团体中实际情况，各个数值的含义如下：
1——完全符合，2——基本符合，3——有点符合，4——基本不符合，5——完全不符合

序号	问　题	评　分
1	在团体中，我感到我能开放自己	1——2——3——4
2	在团体中我能说出自己的困扰与大家共同探讨	1——2——3——4
3	我能积极投入到每一次活动中	1——2——3——4
4	我愿意并尽力尝试了新的思考和行为方式	1——2——3——4
5	在团体讨论中，我确实表达了我的真实想法	1——2——3——4
6	在团体讨论中，我尽力表达了自己的感情	1——2——3——4
7	团体中的其他人也像我一样能坦诚地对待别人	1——2——3——4
8	我总是注意倾听别人在说什么	1——2——3——4
9	我从不打断别人的讲话	1——2——3——4
10	在活动中，我通常是采取主动的态度	1——2——3——4
11	每次团体活动结束后，我会回顾和思考活动的内容，并做好家庭作业	1——2——3——4
12	在团体活动中，我会避免对团体中的其他成员的表现作评价，并尽力接纳他们	1——2——3——4
13	我愿意别人分享我的想法	1——2——3——4
14	我也愿意接受其他人的看法	1——2——3——4
15	对指导者和其他成员的话，我常有认同感，也能启发我产生新的思考	1——2——3——4
16	我对这种团体活动的方式很感兴趣	1——2——3——4
17	我非常希望团体继续下去	1——2——3——4
18	我觉得团体气氛是温暖、信任和轻松的	1——2——3——4
19	我觉得团体内容是有益的、有价值的	1——2——3——4
20	我觉得团体凝聚力是高的	1——2——3——4

（三）标准化的心理测验

心理测验是对人的心理与行为进行标准化测定的技术。在团体心理辅导中，运用信效度较高的心理量表，通过服刑人员在团体前后测、对照组比较等定量化手段，借助相关指标的变化数据，可以相对准确地反映出成员在辅导前、辅导中及辅导后的心理与行为变化，是目前为止评估团体心理辅导效果的有效方式。心理测验的种类比较广泛，通常可以分为智力测验、人格测验、能力测验、临床诊断测验等，目前也有部分针对服刑人员开发的特殊量表，领导者可以根据团体的主题及对象进行相应的选择。

四、研究结果的呈现

一个完整的团体心理辅导，不仅仅包括方案设计、具体实施、效果评估，之后，还需要形成一定的研究结果呈现方式，如论文、研究报告。这样不仅仅可以促进监狱心理工作的有效交流，促进狱内科研工作的开展，也是对促进理论、实证研究的丰富化呈现。

第三节　服刑人员团体心理辅导的注意事项

一、特殊的来访者

在团体心理辅导的过程中，领导者会经常遇到一些由特殊组员带来的棘手问题，这些组员所造成的团体困境常常是一些混合因素的合成，比如：组员自身的精神动力、团体的动力，以及组员与其他组员和领导者的互动等。为了保证团体的有效进行，领导者需要有一定的了解及相应准备。

（一）识别不同类型的团体组员

Trotzer 在 1997 年出版的著作中用卡通画的形式，描述了 11 种成员，这些角色的行为表现方式、特点及其对团体动力产生的影响作用，见表 1–9[2]。

表 1–9　不同类型的团体组员对团体的影响

成员类型	特　质	表现方式	对团体动力的影响	
			利	弊
保护者	1. 如大地之母般的宽容和照顾 2. 以物质和精神方式表示	1. 团体出现状况时（哭泣、冲突等），会介入抚慰； 2. 以提供服务的方式来参加团体	1. 为团体提供和谐温暖的气氛； 2. 有“圆场”的作用	1. 有时会破坏团体为达到成长所必须经历的压力； 2. 没有人会想到要帮助他（她）
专　家	1. 话语滔滔，言之有理 2. 似乎为团体带领深度思考	在谈话过程中常打断别人或引用某些认知性的资料来引导团体走向另一种思考	增强团体认知性学习的机会	1. 达到团体的感受性和立即性； 2. 成为别人不敢挑战的对象
顺从者	1. 很喜欢说：“我很好”“没意见”； 2. 虽不会引发团体的麻烦，但也不会帮助团体发展	1. 不会最先发言，通常见风使舵； 2. 不容易有问题，但也不会有贡献	1. 团体至少需要有一半这样的人才能进行； 2. 对教无经验的领导者是轻松的团体组合	1. 不容易引发这类成员主动自觉的探索； 2. 使初级领导者无法判断团体的动力情况
沉默者	1. 极少发言，即使是轮流的情况下也只是短短几句了事； 2. 表情、姿态较紧张	1. 通常到团体的第三次、第四次才形成可确定的对象； 2. 常会成为团体攻击的对象	1. 使团体注意力聚焦； 2. 使团体中的主要势力较易表现出来	1. 是初级领导者最怕遇到的一种类型； 2. 如果团体不够有效，往往帮助不了这类成员
玩笑者	1. 嬉皮笑脸，惹是生非； 2. 欢笑的来源	1. 有事没事惹一下团体； 2. 消息的来源	1. 是最先锋的救火员； 2. 团体初期适当地调节气氛，对打破陌生焦虑有贡献	1. 分不清怎样做有效的调节； 2. 防卫最深的成员之一

续表

成员类型	特质	表现方式	对团体动力的影响	
			利	弊
精算师	1. 进出团体自如； 2. 不是自愿参与	1. 所开放的内容有意义程度低； 2. 每次聚会都有讲话，但没有内容，等于没讲	在团体初期的开放表面治疗阶段有贡献，起到轮流和维持团体的作用	1. 每一个团体通常都有 1—2 位此类成员，但人数太多会引发团体的抗拒或攻击； 2. 愿意参加团体也不会有收获的成员
攻击者	1. 孤独而不驯； 2. 所攻击的内容常常表面有理	1. 突如其来的发作方式； 2. 攻击对象依团体的发展阶段而变，依次是领导者、对团体中某个事项、对团体的某个组员	1. 引发团体进入真正工作的机会； 2. 攻击者能被接纳和澄清时，不但本人真正的问题能得到处理，团体也因此受到鼓舞，愿意开放更深入的问题	1. 不适合初级团体领导者或者在团体经验中自己没有经历过冲突和有效处理的领导者； 2. 此类成员的问题若要得到解决，必须配合个别咨询

摘引自：樊富珉. 团体心理咨询［M］. 北京：高等教育出版社，2005：167-168.

需要注意的是：上述类型的划分并不是固定的，某个成员身上可能同时出现上述几种角色，并在不同的时期表现出不同的角色。

（二）应对特殊来访者的方法

此时，团体领导者除了意识到组员自身人格的影响因素外，更需要多关注团体动力及情境对组员表现的影响，进而采取相应的措施处理，在团体心理辅导中，利用团体自身的动力去化解困境是最常用的方式。

1. 垄断发言者

俗称“大嘴巴”，指那些在团体中喋喋不休的发言者，他们常常很不礼貌地插话，对每一段话都要评头论足，也会不断详细地反复叙述自己目前的生活困扰。

在团体初期，垄断发言者对团体有一定的积极作用，因为团体需要借助垄断发言者来打破沉默，但是随着团体的进行，其余团体成员会逐渐对垄断发言者产生敌意，这时，会有两种情况出现：第一，对于自信心不足的团体成员，会因为顾及面子等原因无法对垄断发言者直言相告，由此压抑了自己的愤怒，产生挫败感，进而间接性的表达攻击，如：缺席、脱落团体和亚团体的形成，这样势必会极大地影响团体凝聚力；第二，某个不堪忍受的团体成员可能会直接表达出对垄断发言者的不满，但经常是以情绪性、断章取义、爆发的方式，由于其代表了整个团体的心声，常常赢得其余成员的支持，进而导致垄断发言者受到集体性的攻击，垄断发言者感到极大的否定，在接下来的团体治疗中，可能会一言不发或由此脱落来进行自我防御。显然，上述两种情况，对团体中任何人都没有治疗意义。

团体领导者应该如何做呢？

首先，领导者应审视垄断发言者的行为。垄断发言者喋喋不休的强迫性叙述，实质上是为了减轻内在的焦虑情绪，而其在团体中的唠叨往往并未反映出其个人的深层问题，而是为了获取关注、证明观点、发泄抱怨、控制他人等等，这样的讲述并不会减少其焦虑情绪，相反，垄断发言者牺牲了自我反省的治疗机会，其通过不断的说话，使自身与团体保持了距离，由于没有与其余组员产生有意义的联系，因而也学不到任何东西。但如果领导者强行制止其发言，会让每个成员都变得谨小慎微，担心自己的发言也会被制止，因此，领导者既要考虑垄断发言者的利益，也要考虑团体的利益。

其次，领导者需要通过讨论的方式让每一位组员学会承担自身的责任，避免垄断发言者成为团体负性情绪的替罪羊。如“为什么到现在为止，大家会允许或鼓励让他（她）一个人来承担整个聚会的责任呢？”这样的询问，可能会让其余组员感到惊讶，因为他们一直将自己处于一个被动的受害者位置，实际上，“让自己变得被动”也是组员们主动选择的行为，领导者通过让组员意识到自己的逃避，并找出原因，不断加以讨论，可以使每一位组员都更加积极地投入到团体之中。

最后，领导者需要鼓励团体成员不断地给出反馈，以帮助垄断发言者进行自我觉察。团体中应减少主观评判，如：“你这样说是因为你……”而鼓励成员用“当你这样讲的时候，我感觉到……”这样更易于接受、并能引发反省的句式进行回应，领导者通过这样反复、温和的适当干预，垄断发言的服刑人员便可以从中检视到自己人际困难的真正原因。

2. 沉默被动者

虽然习惯在团体中保持沉默的服刑人员，在事后的追踪调查中，也有可能表达出其通过观察学习，也能有所收获，即：他（她）通过观察他人在团体中的表现而间接获益。

但更多的团体治疗经验表明，组员在团体治疗中越主动，自我暴露就越多，与团体成员的联结更紧密，因其在团体中的重要性变得更强，最终也会更加重视自己，治疗收获也会更大[1]。一些研究显示，间接经验与直接参与相比，前者在团体治疗过程中所产生的明显变化、情感投入和吸引力要稍逊一筹[5]。

因此，面对服刑人员团体中出现沉默被动者，第一，领导者需要意识到，沉默被动者是有问题的，很难从团体治疗中获得较大收益；第二，领导者需要寻找其沉默被动的原因：一方面，组员在团体中此时此地的表现，正是其在日常生活中典型人际交往模式的再现；另一方面，需要考虑团体动力是否是让组员变得沉默被动的原因，如：团体内存在着显性或隐性的攻击，缺乏对自我暴露的有效支持，在能说会道的组员面前产生自惭形秽感，使得敏感组员开启了沉默的自我防御模式等；第三，领导者需要做到既能接纳组员有沉默被动的行为表现，同时也要不失时机地引导其参与到团体中来，如：分享曾经的带团经验，明确告知团体，有些进步很快的组员，的确会在团体之初表现得被动沉默与有所顾忌。当团体产生某个共同议题时，需要询问：“不知道你是如何看待这种情况的呢？”“当你在团体中感觉到不舒服时，能否让我们知道？”当其有所突破时，应注意强化其正向行为，帮助其抵御内心的恐惧；最后，如果经过领导者种种努力之后，沉默被动的服刑人员的参与度仍十分有限，甚至出现了脱落的情况，那么则应考虑进行个体治疗或允许其退出，建议其参加后续的团体，因为在后续团体中，其已经对团体中不能积极投入的弊端有所了解，在下一次团体中可能会有所突破和收获。

3. 拒绝帮助的抱怨者

这类型的服刑人员在团体中会讲述目前生活中的一些困扰，带有很强的抱怨性质与外归因倾向，并反复向其余组员以及领导者寻求帮助，起初，其表述的困境确实会吸引团体给出自己的忠告，但这些忠告或建议最终都被抱怨者以各种显性或隐性的方式拒绝，要么是直接否定，要么是委婉拒绝，要么是口头上说“好的”，但未付诸行动，总之，尽管团体给出了很多帮助，但抱怨者常常用“是的……但是……”的模式来拒绝，这使得团体其余成员体会到很强的挫败感。

面对拒绝帮助的抱怨者，首先，领导者需要明确，抱怨者拒绝帮助的行为模式是其既想依赖他人，但又对他人高度不信任的矛盾心理体现。这来自于早期无力的生命体验，抱怨者表面上在寻求帮助，但其行为背后的动力确是对一切的指导、帮助、药物嗤之以鼻，即便有效，也要对其隐瞒，再一次证明无人可以帮助自己，将自己置身于完全的“受害者”位置，以便享受着“因病获益”带来的关注与责任推卸。其次，在接纳这类型服刑人员悲观抱怨的同时，治疗师需要在情感上与之保持一定距离，进行有限度的共情，同垄断发言者的处理一样，治疗师要借助团体的反馈，不失时机而又理性的指出其身上自相矛盾的部分。

二、突发事件处理

（一）冲突应对

无论是动物王国，还是人类社会，冲突都是不可避免的，大到国与国之间的交往，小到两个人的相处，一旦人类想与他人建立关系，冲突总是关系之中的一环。提到冲突，人们往往会将之与“伤害、战争、报复、敌对、痛苦、暴力”等等这些带有负性情感的词汇联系在一块，但实际上，接纳冲突、直面冲突、建设性的解决冲突，将极大地增进个体及群体在心智成熟、身心健康、复原力及创造力等方面的发展，同时，冲突也是人类社会不断进化与发展的助推力。相反，按照精神分析的观点，如果冲突被否认或回避，它将以改头换面、迂回丑陋的方式，转化为各种不健康的自我防御方式，冲突双方会以隐性攻击的方式制造隔阂，有些个体也会转向自我攻击而使身心受损，家庭或团体中则会有“替罪羊”的产生。

在针对服刑人员的团体辅导与治疗中，组员与组员之间、领导者与组员之间的冲突同样不可避免，如果缺少冲突，反而会使团体的治疗效果浮于表面，深层的核心议题得不到呈现。如果有的团体从始至终都表现得一团和气，这往往暗示着领导者自身在刻意回避冲突，缺乏对合理利用冲突可促进个人及团体发展的认知，也缺乏对冲突应对的信心与策略。因此，在团体辅导与治疗中，如何有效的应对与利用冲突，是每一位领导者在带领团队时的首要学习任务。

首先，领导者需要对冲突的产生有清晰的认识，自我心理学、客体关系学、自体心理学等，这些理论都深入探讨过敌意的来源[6]。团体领导者应具备能力来确定个体、人际互动及团体动力中的敌意[1]。根据团体发展阶段的观点，在团体建立之初，新成立的团体成员可能会充满着对未知的焦虑，如：担心被误解、被排斥、被拒绝、不被欣赏等，这也有可能是组员在入组之前对团体治疗有过高的期待有关，如幻想领导者会时刻保护自己，每个组员也应该是友好善良等等。在一个不确定、不可控的陌生情境中，这些焦虑都可能会以冲突、敌意的方式表达出来。而随着团体进行到中后期阶段，敌意更多的来自以下情况：投射性认同、内在的自我贬低、移情、手足竞争、自恋性伤害等

其次，领导者需要提前就建立起有效的团体规范，不断提醒组员，将冲突限制在团体可容忍的范围内，不让冲突具有破坏性，即：防止冲突升级为辱骂。如：在前期访谈或团体早期中，就应该说明，“无论在团体中有多么激烈的情绪体验，包括愤怒，每个人都必须与他人保持直接的沟通”，“团体的目的是了解自己，而不是打击或嘲笑他人”。

最后，领导者常常需要主动介入，引导成员探索冲突的意义，在冲突中得到成长。对于无法表达愤怒情绪的组员，领导者可以鼓励其不如冒个险，把团体当做试验场，让其知道表达愤怒并不会给他（她）带来预想的可怕后果；当两名组员之间彼此敌对时，意味着双方都很在乎对方如何看待自己，其间的嫉妒与竞争恰恰可以成为自己检视的动力，领导者可以借助角色扮演、空椅子技术等方法来帮助成员之间进行换位思考，领导者也可以直接给出示范，如习惯情绪化表达愤怒的组员，一言不合就常常中伤他人，而言语攻击往往招致更大的攻击，领导者可以用：“XXX，我知道你的感受，其实我也想表达出同样的意思，但我会用更温和的话语，而你应该意识到此刻你的情绪已经失控了。”在情绪管理的议题上，领导者将上述技术与心理教育结合起来，往往会有更好的临床效果。当核心议题呈现时，领导者还需要带领全体成员弄清楚自己在哪些方

面、会经常被哪种类型的人激怒，即建立“易被激怒清单”，进而理解自己的敌意来源。通常，当团体组员共同经历了强烈的正性或负性情感体验之后，团体的凝聚力都会增强，进而能从团体中获得更多的治疗价值。

（二）组员脱落

在团体心理治疗，特别是非结构领导小组中，个别的组员脱落是个非常常见的现象。组员脱落的原因可能有：团体组员由于达到了治疗目标而不想再浪费时间、对团体治疗感到失望、在团体中遭到攻击、承受不住团体压力、没有获得想要的支持与理解、过早过多的暴露却没有得到相应的支持、反感领导者或某位组员的言行、勾起过往的创伤体验的无力感、自恋性需求未在团体中得到满足等等。在监狱团体中，服刑人员常常会以“身体不适、治疗影响了出工”等原因来拒绝再次参与团体。

一般而言，新手或完美主义的领导者，往往会因为成员脱落而倍感挫败，但实际上，随着治疗经验的增加，领导者会逐渐意识到成员脱落是团体心理治疗中不可避免的现象，领导者需要一方面正视每个团体都会有一定的脱落率，另一方面也要根据每次的实际情况找出组员脱落的原因，在实现制定好的团体规范中加以防控，不断调整，尽量减少脱落的发生。最后，在成员脱落已经发生的情况下，领导者需要把精力放在继续推动剩余组员的治疗上。

某个成员的离去会影响到团体的动力，如这个影响可能是正向的也有可能是负向的，某个由于受到集体攻击组员的离去，会使有的组员感到开心，松了一口气，转而开始进入自身的真正议题；但也有组员会觉得失去了攻击的对象而感到没劲，甚至失望；有的组员会觉得自责，认为该组员是因为自己的原因而选择离去。面对同样的情境，不同组员会产生不同的感受，这取决于每个人有不同的内心世界，而这些不同的感受构成了一面镜子，我们也可以借由此来检视每个人的内心世界。因此，发生组员脱落后，领导者应带领剩余组员进行相应的反思，领导者更是需要以身作则、开诚布公地讲述自己的真实感受，包括遗憾、挫败等等，以此调动其余组员参与讨论，此时，团体内往往会引发出许多议题，如：分离、死亡、衰老、丧失、内疚、成长等等，这些都是真实生活中的深刻反映，因此，一个组员的离去，往往是团体进行自我检视，并推动治疗进展的大好时机。

（三）亚团体的处理

亚团体在团体治疗中经常出现，表现为两个或两个以上的组员之间采取了“联盟”的形式，是一种组员在团体内的生存策略，但也是破坏团体凝聚力的一个危险因素。

在团体内，亚团体常常会表现为：亚团体成员无论在什么观点上，都会相互赞成对方，照顾对方的需要，一起攻击或赞同某个组员；在团体外，他们之间会建立非治疗意义的私人关系，有些异性组员之间甚至发展出情爱关系，而在监狱这个特殊的环境中，同性别组员间也有可能表现为“假性同性恋”。由于亚团体成员之间的关系，远胜于一切，为了维护自己在对方眼里的形象等原因，会导致他们在团体中帮助对方自省的作用丧失，难以进行自我暴露。另外，由于难以在对方面前自我暴露，也因此回避了一些重要议题，亚团体的存在也会给其他的组员带来压力与排斥感，进行产生额外的焦虑与顾虑，这对治疗的进展具有极大的破坏作用。

对于治疗师而言，首先，要意识到亚团体的存在是团体内敌意的标志，尤其是针对领导者自身。关于领导风格的研究表明：一个独裁、刻板型的治疗师领导的团体更可能分裂出团体内和团体外派系，不能直接对领导者表达愤怒与挫败的团体成员，通过联合在一起滋事或者将矛头对准其他一名或几名成员来间接释放这些情绪[1]。

其次，团体领导者事先要针对可能出现的亚团体制定相关的团体规范。如：事先告知在治疗期间，团体成员之间不得有治疗外的关系存在，如果成员之间，包括领导者与某位成员在治疗期间进行私下接触，也应该在下一次团体治疗时进行澄清，这其中包括了领导者与某位组员在团体外进行的个体治疗。

最后，当亚团体已经形成，并因此阻碍了团体进展时，领导者需要将其作为单独的议题在团体中进行讨论。当领导者从观察到有联盟关系的存在时，应毫不犹豫地把自己的感受表达出来，由此可以引发其余组员参与讨论，大胆说出自己的感受，无论是愤怒、羡慕、嫉妒、恐惧等都值得讨论，但应注意不是刻意去破坏这种亚团体关系，而是促进全体成员的反思，推动团体的进展。

（四）自我暴露

无论是个体治疗还是团体治疗，自我暴露都是非常有必要的，只有当来访者愿意透露个人事情，治疗师才可能有帮助来访者的机会。特别是长期性团体，当组员怀有重大秘密而不敢让团体知道时，此时的治疗效果永远只能在表面上进行，无法深入下去。在团体治疗中，治疗成功的来访者在疗程中自我暴露的数量，几乎是无效来访者的两倍[1]。在一个充满信任与凝聚力较强的团体中，一个组员的自我暴露会引发更多组员的自我暴露，最终形成一个建设性的信任—自我暴露—反馈—人际学习的循环[1]。

但对于许多来访者而言，与他人分享个人信息是非常危险的事情，尤其是对于那些曾经因为分享信息遭受到伤害的个案，以及首次分享信息的“第一次冒险”。这种危险程度与所分享的对象有极大的关系，在监禁环境中，领导者除了治疗师的角色，还往往带有监狱干警的管理者角色，由“干警—服刑人员”建立的咨访关系更是增加了自我暴露的困难。

首先，监狱中的团体领导者需要花更多的时间和精力用于增加信任与团体凝聚力，只有这样才能创造出服刑人员自我暴露的机会。同时，领导者需要不断反思有无不利的因素阻断了组员自我暴露的机会，如：领导者自身的移情、过多的插话与评判等。

其次，领导需要区分，自我暴露不等于不要正常的隐私，不分时间、对象、场合的暴露，并不是心理健康的标志，相反，可能会阻碍团体的进展。在团体早期，团体普遍欢迎愿意进行自我暴露的组员，但如果某个组员暴露过深，反而会使其余组员感到沉重，引发焦虑；同样，暴露太早或太随意的组员经常因为得不到预想的支持，提前在团体中脱落。

最后，正因为过多与过少的自我暴露都暗示着人际关系的适应不良，因此，领导者需要根据团体的进程来进行把控，有时可以采用联合治疗的方式，即：对某一组员同时开展个案治疗与团体治疗。

三、团体领导者的训练

团体心理辅导与治疗是一种专业性强的助人工作，对团体领导者有很高的专业要求。在心理咨询行业中，有一句话非常流行：心理咨询师能走多远，才能带你的来访者走多远，你不可能带你的来访者去你都没有去过的地方。因此，每一位合格的团体领导者都需要进行严格及组织良好的教学、实践等一系列培训。

根据樊富珉（2005）的观点，合格的团体咨询师应从理论、技术、团体经验、伦理、被督导的经验等六个方面努力，应接受以下课程培训：（1）团体咨询师的个人成长；（2）团体心理咨询的理论知识；（3）团体心理咨询的技术方法；（4）曾经作为组员参加过团体心理咨询；（5）督导下的团体心理咨询实习；（6）团体心理咨询的专业伦理道德。美国团体研究协会和美国咨询协会已经为团体治疗师资格建立了培训标准，如：美国团体研究协会的心理治疗师资格注册登记，需要最低 12 小时的教学培训、领导 300 小时的团体治疗以及在资深的团体治疗师督导下进行 75 小时的团体治疗[1]。

因此，顺应当前服刑人员心理咨询工作的开展，司法行业内也不断在组织团体心理治疗的培训工作，作为狱内团体心理治疗师，也需要根据自身的薄弱环节，不断主动地加强学习、培训与实践工作。笔者坚信：成熟的治疗师是一个能不断学习的治疗师，每一次的带团经验都会成为其学习体验与反思的机会，而团体心理治疗师整个职业生涯的过程也就是一个学习的过程。

第二章　案例篇——结构式团体心理辅导实例

本章是本书的重点，是笔者与团队对目前狱内近几年已经开展的团体辅导案例的汇编与整理（其中第一节的专题五、六、七、八，由云南省第三女子监狱心理健康指导中心干警张磊提供），在方案的设计与实施上，围绕服刑人员在狱内服刑的时间轴，可分为服刑初期、服刑中期及服刑晚期。服刑初期主要涉及初入监服刑人员角色转换与适应，设计相应的初入监狱团体心理辅导。服刑中期涉及重大节日团体心理辅导、危机干预、家庭情感、监舍矛盾、人际关系以及一些特殊群体的处理，如：三无人员、暴力罪犯、限减罪犯、老病残犯、行政组长等。服刑晚期主要是为回归社会做准备，设计相应的出监狱团体心理辅导。另外，根据司法行业的特殊性，本章加入了监狱干警团体辅导的内容，一并为开展相关团体辅导的同行提供相应借鉴。

但应注意的是，本章所涵盖的所有案例都是根据实际情况而开展设计的，影响因子如：团体领导者的专业特长，服刑人员的结构与特点，所在监狱的时间、人力、财力、器材道具、辅导室特点，以及不同团体的动力也会千变万化等等的综合考虑。因此，初学者还需要结合实际情况。所有案例仅供参考与借鉴，不可完全照搬套用，否则治疗效果会大打折扣。

第一节　服刑人员结构式团体辅导实例

一、专题 1

重生，从冬天启航——服刑人员初入监团体心理辅导

（一）前　言

根据梅峰（2012）的对 200 名初入监服刑人员的调查研究发现：新入监服刑人员的心理问题检出率达到了 77.1%，其中心理问题较严重的占 35.3%，还存在较为明显人格偏离，而通过团体训练的干预方式对其心理健康状况的改善和自尊水平的提高被证明是有效的[7]。

早在 1947 年，世界卫生组织就提出了健康不仅是指身体健康，也包括心理健康。心理健康标志着人的心理调节适应能力和发展水平，即人在内部和外部环境变化时，能持久地保持相对正常的心理状态的能力，是诸多心理因素在良好态势下运作的综合体现。而对刚刚置身于严格的监管环境下的新入监服刑人员来说，服刑是一件重大的不良生活事件，是一种负性精神刺激，其人身自由受到严格限制，以往的社会支持系统受到破坏，容易引发各种不良心理反应。在自身心理基础和外界多种因素的共同影响下，既不能够积极地调整自己的心理状态以更快地顺应环境，更谈不上有效地发展和完善个人的生活，心理健康状况自然低下。因此，对新入监服刑人员开展恰当及时的心理调适，应纳入监狱教育改造工作中的重要一环。

（二）理论背景

1. 埃里克森的心理发展观

精神分析学家埃里克森（Erik Erikson，1902—1994），将人生分为的发展变化分为八个阶段，他特别强调个体与他人的社会交互作用，个体在每个阶段

都要应对和解决一种危机或冲突，一方面，如果本阶段的人生危机不能得以解决，将会对个体产生负性影响；另一方面，如果上一阶段的危机不能成功解决，将会影响到个体下一阶段的发展。对于服刑人员而言，“服刑”成为其特殊的一段生命历程，如何适应环境的变化，积极融入监管改造环境，重新对人生角色进行自我调适与定位，将是新入监服刑人员最关键的人生发展任务。

2. 绘画治疗

绘画治疗是表达性艺术治疗的方法之一，也是一种不受教育背景限制的跨文化研究工具，同时适用于成人与儿童。方法是让绘画者透过绘画的创作过程，在有限的空间（纸张）呈现完整的表现。画者可以客观地观看自己的作品，利用非语言工具，将混乱的心、不解的感受转化为清晰、有趣的状态，并将潜意识内压抑的感情与冲突呈现出来，并且从中获得疏解与满足，而达到诊断与治疗的效果。

在监管环境中运用绘画治疗，其优点在于具有绕开服刑人员在自由表达上的意识阻抗，针对文化水平普遍偏低的服刑人员群体而言，作为一种依托艺术性表达为载体的治疗手段，能取得比认知疗法更多的效果。

3. 社会学习理论

行为主义心理学家班杜拉认为，并不是所有行为的习得都需要亲身实践，人的许多行为的习得来自间接经验。并在大量实验研究的基础上，提出了观察学习理论。所谓观察学习，就是人们通过观察他人的行为及行为的后果而间接进行的学习[3]。在团体心理辅导中，行为、环境与个体三者之间相互影响，形成了一种三角互动关系，服刑人员可以通过对他人的行为进行观察与模仿来学习并形成一种新的行为方式，尤其是在新入监这个特殊的阶段，急需相应的行为示范，如：如何面对集训监区每天对行为规范的要求，如何面对监管环境中的各种限制，如何适应劳动改造的岗位要求，如何面对与亲人分离的现实，等等，因此，在对服刑人员团体心理辅导的过程中，可以加入以电影、电视、PPT、访谈录像、自制电子书等等传播形式，与真实榜样呈现的观察学习形式相比，以媒体为媒介的传播因为可以预先进行考虑与设计，根据本团体的特征进行严谨的细节控制，有效避免了真实性素材中的“污染”等不可控问题，同时，多媒体的观察学习方式还具有成本低、可以多次循环使用、可根据团体的实际情况自主掌控学习进度等优点。

（三）方案设计及实施

1. 团体设置

（1）目标：帮助初入监的服刑人员尽快适应监管环境，进行积极改造。

（2）时间：共进行 2 天，每次 2 小时，上午下午各一次。

（3）对象：集训监区 30 名初入监服刑人员，分为两组。

（4）地点：监区教育改造中心大教室。

（5）团体领导者：监区心理中心咨询师两名，另配备两名教育干事。

2. 总体方案设计

单元主题	活动目标	活动流程
第一次 有缘相识	1. 形成团队，相互认识； 2. 建立温暖、融洽、坦诚的团体气氛； 3. 澄清团体目标、性质、进行方式以及成员的参与动机； 4. 商定团体契约	1. 领导者及助手做自我介绍、团体简介； 2. 热身活动：无家可归； 3. 主题活动： （1）寻找我的另一半； （2）对对碰； （3）连环自我介绍； （4）循环沟通； （5）讨论团体契约
第二次 心有千千结	1. 加深团体的信任合作； 2. 引发共鸣，并激发出重生的力量	1. 热身活动：解开千千结； 主题活动： （1）绘制入狱前与入狱后的心境图； （2）播放“鹰之重生”并讨论
第三次 重生的力量	1. 学会简单的放松方法； 2. 树立适应监狱改造环境的信心与方向	1. 热身活动：渐进式肌肉放松训练； 2. 主题活动：老犯访谈回放
第四次 展望未来	1. 处理离别情绪，彼此支持鼓励； 2. 对未来的服刑改造生活充满信心	1. 热身活动：电子相册历程回顾； 2. 主题活动： （1）戴高帽 （2）心的祝福 （3）唱出未来

3. 具体实施

【单元一：有缘相识】

目标：团体成员之间初步认识；建立团队凝聚力和信任感；阐明团体契约。

内容与流程：

目的：引入主题，说明团队组建的意义 时间：约10分钟	**简介活动目的、意义** 背景音乐：《从头再来》 操作：领导者向团体组员致欢迎词并重申团体的目的和意义，以及团体活动的形式和最终预期的结果。在团体活动开始前，澄清有的组员对此团体活动可能期望很高，想在这找到人生所有的答案。但因为活动时间有限，在整个活动中所探讨的问题只是一部分，所以到活动结束的时候，组员心里可能还是存在一些疑惑，但希望活动能带给组员一些启示。领导者和观察员做自我介绍
目的：暖身，活跃气氛。让成员通过游戏和身体接触减少陌生感，同时体会团体对个人的重要性，增强团体凝聚力 时间：约10分钟	**热身活动：无家可归** 全体组员围圈手拉手，充分体会大家在一起的感觉，然后，领导者说："变，4个人一组"，组员必须按照要求重新组成四人组，形成新的家，或者再说别的数字，组员按规定数字再组成新的家……请那些没有找到家的组员谈谈游离在团体之外的感觉，大多会谈到"孤独、孤单、被抛弃、没依靠、失落"等，也可以请团体组员分享和大家在一起的感觉，大多会表达"温暖、有力量、安全、踏实……"，领导者可以多次变换人数，让组员有更多的机会去改变自己的位置，积极融入团体，体验有家的感觉，体验团体的支持，从而更加愿意与团体在一起
目的：让成员彼此相识，建立互动关系 时间：约5分钟	**主题活动（1）：寻找我的另一半** 材料准备：剪成各种形状的彩色纸，并一分为二，每张彩纸裁剪为不同的图形，如树叶、花朵、动物造型等。每位服刑人员都要抽一张彩纸 操作：领导者让手中彩纸在形状、颜色都配对的组员结成对子。2人一组坐下，互相做自我介绍。介绍的内容包括：姓名、民族、家乡、性格特点、兴趣爱好等个人资料。每人约2分钟。领导者鼓励组员尽量记住对方的信息
目的：扩大交往圈，让更多的成员相识 时间：15分钟	**主题活动（2）：对对碰** 操作：刚才自我介绍的两个组合并，形成4人一组，他者介绍。每位成员将自己刚才认识的组员向另外2位新组员介绍，每人2—3分钟

续表

目的：进一步扩大交往范围，引发个人参与团体的兴趣，让更多的成员相识。 时间：20分钟	**主题活动（3）：连环自我介绍** 操作：两个4人小组合并，8人围圈而坐，从其中一人开始，每人用一句话介绍自己，一句话中必须包括3个内容：姓名、家乡、一个与众不同的特征。规则是：当第一个人说完后，第二个人必须从第一个人开始讲起，第三个人一直到第八个人都必须从第一个人开始讲起，这样做使全组的注意力集中。相互有协助他人表达完整正确的倾向，而且在多次重复中，不知不觉地记住了他人的信息（可以根据组员总数调整每组人数）
目的：进一步扩大交往范围，引发组员学会自我觉察和反省。 时间：20分钟	**主题活动（4）：循环沟通** 操作：让刚才的两个八人小组各围成里外两个圈，一对一面对面站立。每次两分钟交流。各自自我介绍，然后指导者叫停，里圈不动，外圈组员向右边移动一位，继续与新认识的组员相互介绍。如此循环，直到所有人都相互介绍一遍
目的：为保证团体正常发挥功能，实现团体领导者与组员间的相互尊重与配合，建立团体组员需要共同遵守的契约和规范。 时间：约30分钟	**主题活动（5）：讨论团体契约** 准备：大白纸1张，水彩笔一盒 操作：让组员头脑风暴，共同探讨团体规范，并在规定（5分钟）时间内尽可能完善地写出多条团体契约。最后用彩笔把团体规范写在大白纸上。团体契约建立后请每一位组员在写有契约的大白纸上签下自己的名字（注：此后每次团体活动时都将契约挂于活动室内，可强化组员对契约的重视）

【单元二：心有千千结】

目标：加深团体的信任合作、引发共鸣，并激发出重生的力量。

内容与流程：

目的：团队合作，靠集体的力量解决困难，体会团队支持对个人的意义和重要性 时间：约30分钟	**热身活动：解开千千结** 操作：领导者让每组组员手拉手成一个圈，看清楚自己的左手和右手是谁，确认后松手，在圈内自由走动，领导者叫停，组员定格，位置不动，伸手拉左手右手，从而形成许多结或扣，不能松手，但可以钻、跨、绕，要求组员设法解决问题，恢复到最初状态 要点：练习时需要组员有耐心，互相配合，齐心协力。当排除困难、解决问题时，请组员分享活动的感受。组员常常会主动谈出对团体互助等感受，体会和确认团体合作的重要性
目的：通过绘画的形式，让组员能充分表达自己，并引出共鸣 时间：约60分钟	**主题活动（1）：绘制入狱前与入狱后的心境图，并分享讨论** 操作：领导者通过声情并茂的引导语进行引导，请服刑人员回忆自己在入狱前与入狱后的生活、心境对比，并用绘画的形式进行展示与分享 要点：（1）领导者要注意根据服刑人员的特点设计合适的引导语，配合轻柔音乐，帮助服刑人员展开想象；（2）入狱前与入狱后的催眠引导及绘画要分开进行，只有当入狱前的绘画分享充分进行之后，再进行入狱后的绘画分享，最后进行对比
目的：借助“鹰的意向”来寻找重生的力量 时间：约30分钟	**主题活动（2）：播放《鹰之重生》，并讨论** 操作：播放短片《鹰之重生》，并邀请组员进行观后感的讨论 要点：（1）只有当组员进行充分讨论后，领导者再适当加入或点拨出组员未注意到的点；（2）注意结合服刑人员的初入监身份进行总结；（3）最后邀请组员对之前的绘画作品“入狱后心境”，加入“鹰的意向”来帮助自己

【单元三：重生的力量】

目标：学会简单的放松方法，并树立适应监狱改造环境的信心与方向。

内容与流程：

目的：在肢体上体会紧张与放松，学会简单的放松方法 时间：约20分钟	**热身活动：渐进式肌肉放松训练** 准备：提前录制好适当的背景音乐 操作： 1.握紧拳头——放松；伸展五指——放松 2.收紧二头肌——放松；收紧三头肌——放松 3.耸肩向后——放松；提前向前——放松 4.保持肩部平直转头相右——放松；保持肩部平直转头向左——放松 5.屈颈下颌触到胸部——放松 6.尽力张大嘴巴——放松；闭口咬紧牙关——放松 7.尽可能地伸长舌头——放松；尽可能地卷起舌头——放松 8.舌头用力抵住上颚——放松；舌头用力抵住下颚——放松 9.用力睁大眼睛——放松；紧闭双眼——放松 10.尽可能地深吸一口气——放松 11.肩胛抵住椅子，拱背——放松 12.收紧臀部肌肉——放松；臀部肌肉用力抵住椅垫——放松 13.伸腿并太高15—20厘米——放松 14.尽可能地“收缩”身体——放松；绷紧并挺腹——放松 15.伸直双腿，脚趾上翘——放松；脚趾伸直——放松 16.屈趾——放松；翘趾——放松 要点：领导者要事先熟悉指导语及操作程序，以便带领及示范流畅
目的：通过观摩他人的服刑改造历程，梳理心绪，树立起改造的信心与方向 时间：约100分钟	**主题活动：老犯访谈回放** 准备：事先对一些改造表现比较好的服刑人员进行访谈，访谈人员尽量涉及不同刑期（包含重刑犯）及家庭背景，内容主要涉及从新入监的不适应到适应，并取得优异改造表现的心路历程 操作：结合入组访谈时，组员所反映的自身问题，找有代表性的访谈内容进行分享。访谈录像回放完之后，邀请每一位新入监的服刑人员结合自身的困惑，谈感受及找出各自相应的解决方案 要点：在组员入组前就要收集新入监服刑人员集中反映的困惑，并在访谈内容上具有针对性，领导者在整理访谈资料时也需要注意精简及突出重点

【单元四：展望未来】

目标：处理离别情绪，彼此支持鼓励，对未来的服刑改造生活充满信心。

内容与流程：

目的：回顾团体历程 时间：约 15 分钟	**热身活动：电子相册历程回顾** 准备：整理、筛选出团队组建从构思、前期访谈及每次活动中的照片，录制适当的音乐做成电子相册 操作：播放选好的音乐，按照时间顺序播放照片，回顾整个团体的历程
目的：学习发现自己与别人的优点并欣赏之，促进相互肯定与接纳 时间：约 45 分钟	**主题活动（1）：戴高帽** 操作：全体服刑人员围圈而坐。请一位服刑人员坐在团体中央，其他人轮流说出他的优点及欣赏之处（如：个性特点、在某件事或某个观点的独特之处等），之后被称赞的服刑人员要说出哪些优点是自己之前知道的，哪些是自己曾经并未觉察到的 要点：要求全体组员要以真诚的态度对待，要根据四次活动中的具体事件来说明该组员身上所展现的优良特质，领导者要告知组员，忌讳毫无根据的吹捧，因为这样反而会伤害对方
目的：结束团体，但把团体的精神留在之后改造生活的每一天中 时间：约 40 钟	**主题活动（2）：心的祝福** 准备：水彩笔、心形卡片、轻柔的背景音乐 操作：领导者给每位组员发放一张心形的卡片，上面写上自己的姓名或昵称，请小组内其他组员，包括领导者及助手为自己写一句祝福或建议。当每位组员都写完之后，各自拿回自己的心形卡片仔细看，并分享感受。之后，允许服刑人员将各自的卡片带回，各自保管，如可以放在监舍的显眼位置等，象征着在今后的服刑改造生涯中，团体内的精神与温暖将会一直与之相伴 要点：服刑人员中若有文盲则可以用图画的形式，来表达祝福或建议，当组员拿到这样图画祝福时，请绘画者进行语言解读即可
目的：通过身体接触、音乐引导带来温暖与力量，使成员在结束前在团体中获得更多的支持，为适应今后的服刑改造生活增加信心 时间：约 20 钟	**主题活动（3）：唱出未来** 操作：领导者请大家站立，围成圆圈，将两手搭在两侧组员的肩上，静默 30 秒，然后在领导者的带领下，大家轻轻跟着音乐哼唱《从头再来》《祝福》《隐形的翅膀》这几首歌曲，一首接一首，可以重复哼唱 2—3 遍，直到大家都能熟悉旋律，并在旋律中自由摇摆。使全体组员在一个充满温馨甜蜜而有凝聚力的情境中告别本次团体辅导，留下一个美好的、象征性的记忆，使之能更有力量与信心迎接未来的服刑改造生活

二、专题2

告慰生命，给心灵松绑——服刑人员哀伤团体心理辅导

（一）前　言

某重刑犯监区教育干事通过心理问卷调查、带班干警反映、个案访谈的方式收集资料发现，该监区在近两年内存在家庭中重要亲人去世情况有17名，其中8例涉及非正常死亡。在前期访谈中发现，绝大部分存在不同程度的失眠、精力减退、烦躁、悲伤，甚至存在自杀观念等身心反应。其中，4名服刑人员遭遇的是丧子之痛，2名服刑人员子女因病去世，另外2名则发生了意外的非正常死亡（1名子女溺水，1名触电死亡），问卷及访谈显示，这4名服刑人员的内疚与自罪自责情绪特别强烈，他们都将子女的死亡归咎于自己的失职，即因为服刑不能直接照顾孩子，从而间接导致了孩子的去世。

美国学者曾经对1200名丧亲人士进行10年跟踪研究的结果证实，发现丧亲后的半年、一年是最难熬的时光，且丧亲之后的生活恢复远比想象中更漫长、更困难[4]。面对丧亲，50%—85%的人会在丧亲时间发生的最初几周甚至几个月内体验到强烈的哀伤情绪并伴随出现各种哀伤反应，如过度的怀念、闯入想法和画面、烦躁不安、认知混乱等[9，10]。对大部分人来说，这些令人痛苦的情绪、想法和行为会随着时间的推移逐渐减轻或消失；但在另一部分人（至少10%）身上，哀伤反应却迟迟无法缓解，研究者将这样一类特定的哀伤反应称为“延长哀伤”（prolonged grief）[11]。延长哀伤不同于抑郁、焦虑以及创伤后应激症状，是一种独特的症状群。根据何丽、王建平等对大陆301名丧亲者的调查研究表明：丧亲者普遍存在一些功能丧失的哀伤反应，与已故者关系越亲密、已故者去世的年龄越小、对于已故者离世没有预期、距离丧亲事件时间越短，哀伤反应越重[12]。痛失亲人属于人生的重大丧失，急性创伤期的个体不仅会引起情绪、认知、行为等方面的改变，也可能引发人际关系和社会功能方面的改变，一旦处理不当，还会迁延成慢性症状，给个体及家庭带来不可估量的损失。在延长哀伤障碍发展和维持过程中，婚姻是社会支持核心因素，丧亲者中有一定的比例可能发展成延长哀伤障碍[12]。因此，给在服刑期间遭遇重要亲人去世，且已经出现症状的服刑人员，有必要有针对性地进行方案设计，

集中时间予以辅导，可帮助其更好地应对生命中的特殊时期。

（二）理论背景

1. 哀伤反应

沃登（William Worden）提出四类悲伤的表现方式：情感、认知、行为、生理。（1）情绪：悲伤、愤怒、愧疚感与自责、焦虑、孤独感、疲倦、无助感、惊吓/否定、苦苦思念、解脱感、麻木；（2）认知：否认事实、困惑、沉迷于对逝者的思念、感到逝者能存在、幻觉、一种人格解组的感觉：没有一件事看起来是真实的；（3）行为：过度进食和拒食、恍惚、心不在焉、从社会人群撤退、在正常的梦或梦魇中梦见死者、常做叹气、持续的过度活动、哭泣、避开死者的遗物、去死者常去的地方或保持死者遗物的完整；（4）躯体：睡眠失常、胃部空虚、胸部紧张、喉咙发紧、对声音敏感、呼吸急促有窒息感、肌肉软弱无力、缺乏精力。

2. 哀伤阶段

（1）回避阶段：否认亲人去世的事实，甚至出现情感麻木。

（2）面对阶段：承认亲人已经去世，但愤怒与抑郁共存，有的人将亲人的离开归咎于自己，有的人则归咎于他人或社会等，出现易激惹等情绪问题，同时，也会有很长时间的情绪低落，回避社会交往，对许多事情都失去兴趣，饱受失眠、噩梦等身心问题的困扰，有的人甚至会以极端的方式结束自己的生命。

（3）适应性调节阶段：从抑郁、愤怒的状态中走出来，开始适应新的生活，转移生活的重心，找到生活中新的支撑点，建立新的自我认同。但这个阶段并不是所有人都能做到的，其中，是否存在有效的社会支持起了极为重要的作用。

悲伤与哀悼的时间模式

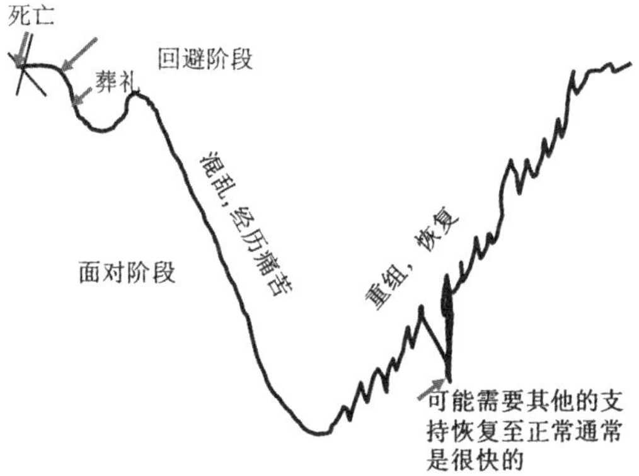

3. 艺术治疗与创伤辅导

美国艺术治疗协会将艺术治疗定义为：一种能够通过创造性的艺术表达，来帮助所有年龄段的人们增强身体、精神和情绪上的精神健康专业活动[13]。由于艺术治疗整合了言语与非言语的沟通模式，适用于不善于言语表达的人群，其中特别适用于有创伤的患者，大多数的创伤经历者常常将强烈的创伤情绪内化为躯体反应，而较少能做理性的言语表达，也很难将深藏于心的负性情感体验通过言语很好地宣泄出来。

对存在情绪障碍的个体而言，他们受困于自身的情绪冲突与强迫性想法，将自己锁闭在自我的世界里，极易受到外界的刺激，而艺术创作却对他们的自我觉察有特别大的帮助[14]。因此对于丧亲的服刑人员，结合其语言表达能力普遍欠佳、社会支持系统薄弱、文化水平普遍偏低等特点，开展简单易行的绘画艺术疗法，有助于其表达自我，梳理情绪，面对现实，起到加速自愈与恢复的作用。

（三）方案设计及实施

1. 团体设置

（1）目标：帮助服刑人员应对亲人去世的悲伤，缓解内心压力与内疚，学习丧失的意义及创伤的应对方法。

（2）时间：两天半，上午下午各一次，每次 2 小时，共 5 次。

（3）对象：两年内有重要亲人去世的服刑人员 14 名。

（4）地点：监区有活动桌椅的大教室

（5）团体领导者：有哀伤治疗经验的领导者一名，配备两名狱内心理咨询师作为助手（活动中涉及分组时，各负责一个小组）。

2. 总体方案设计

单元主题	活动目标	活动流程
第一次 形成小组	1. 形成团队，相互认识； 2. 建立温暖、融洽、坦诚的团体气氛，增强团体凝聚力	1. 领导者及助手做自我介绍、团体简介及要求； 2. 热身活动： （1）雨点变奏曲 （2）无家可归 3. 主题活动： （1）你问我答 （2）我的愿望树
第二次 情绪的出口	1. 进一步增进团体凝聚力； 2. 认识情绪，学习用健康的方式进行合理的情绪宣泄	1. 热身活动：接龙敲背 2. 主题活动： （1）心情播报 + 身体扫描 （2）情绪与色彩 （3）情绪宣泄
第三次 给心灵松绑	1. 进一步增进组员之间的相互信任； 2. 处理创伤，建立安全感	1. 热身活动：信任跌倒 2. 主题活动：我的保险箱
第四次 接纳与放下	1. 进一步增进团体凝聚力； 2. 学习接纳过去，赋予意义，处理未完成事件，放下不必要的包袱	1. 热身活动：解开千千结 2. 主题活动： （1）隐喻故事“小溪、巨石和大海” （2）告别仪式
第五次 前方仍有路	1. 体会成长的过程； 2. 找到面对未来生活的信心与目标； 3. 处理离别情绪，彼此支持鼓励	1. 热身活动：成长五部曲 2. 主题活动： （1）我的支持系统 （2）未来三件事 （3）合照留影

3. 具体实施

【单元一：形成小组】

目标：放松身心，活跃氛围，相互认识，形成团队。

内容与流程：

目的：介绍团体的目的及意义，打消参与者的顾虑，组员与领导者之间建立联结 时间：约10分钟	**简介活动目的、意义** 团体领导者介绍团体的目的及意义："此次团体活动与大家的日常改造表现、减刑评优都无关，只是来帮助大家放松身心、学习一些减压方法。"领导者与助手依次介绍完之后，还要求参与的服刑人员做到"尽可能的放松，表达自己、学习倾听、暂停评价"。 提前发放胸牌，写有每位服刑人员的姓名或希望在团体内被称呼的昵称
目的：调动氛围，让组员通过身体的活动积极融入后续练习中来 时间：约10分钟	**热身活动（1）：雨点变奏曲** 操作：领导者先教会组员利用身体部位发出两种以上的声音，接着教大家学习六种方式发出声音，依次代表不同的意义。分别为：（1）刮风——搓手；（2）小雨——手指互相敲击；（3）中雨——巴掌拍大腿；（4）大雨——用力鼓掌；（5）暴雨——用力鼓掌加跺脚。最后，领导者带领全体组员合奏一首"雨点变奏曲"，练习从刮风到暴雨，再到雨后天晴的不同身体动作。 要点：如果组员领会困难，讲授其中四种即可
目的：让组员体会与感受个人和团体的关系，团体对个人的重要性，从而更愿意投入团体，增强团体的凝聚力 时间：约20分钟	**热身活动（2）：无家可归** 操作：全体组员手拉手，充分体会所有人在一起的感觉，之后，领导者说："变，3个人一个小家"，组员必须按照要求重新组成3人组，这时，有组员出错，未能及时融入3人之家中，领导者邀请那些出错的组员谈谈游离在小家外的感受，大多数会谈到"孤独、茫然、被抛弃……"感受，之后，再请那些一次性融入3人小家的组员也谈谈他们的感受，大部分人会说："温暖、幸运、安全、踏实、归属感……"领导者再进行多次变化人数，不断要求大家发表自己的感受，尽可能地让每位服刑人员体会到小家内与小家外的两种感受，形成对比，最后，领导者要引导组员将热身活动的意义与本次团体辅导的主题相联系。

续表

目的：通过问与答的形式，促使组员关注他人的感觉，并达到相互认识 时间：30分钟	**主题活动（1）：你问我答** 操作：将服刑人员分为两组，每组7人，之后从其中1名组员（例如：小A）开始，其余6名组员分别向小A提出一个自己想知道的问题（敏感性及过于隐私的话题除外，如宗教、政治问题等），小A立即进行回答，但如果遇到小A不想回答的问题，可以明确拒绝。当小A回答完全组组员提问后，依次进行小B、小C……每一轮每个组员都只能有一次问他人问题的机会，领导者根据实际情况决定进行几轮，并在最后预留一段时间让成员自由交谈。在此活动中，回答者会因为被全体组员关注而增加信心，组员之间也开启相互认识与关注的机会 要点：由于组员已经在事先被告知是哀伤小组，因此在此活动中难免涉及创伤性事件本身，领导者需要进行把控，以免出现情感性宣泄而影响了团体进程
目的：培养组员合作的态度，训练思考、讨论和创造的能力，学习合作的行为，培养团队合作精神 时间：50分钟	**主题活动（2）：我的愿望树** 准备：大号绘图纸两张、水彩笔若干、心形彩色小卡片14张 操作：请各组成员，在规定时间内绘制的本组的愿望树，组员之间可以通过充分讨论，发挥各自的想象力，轮流接力画出本组的愿望树。要求每位服刑人员都必须亲自动手，不可代画，每人限画3分钟，时间一到就换人，直到最后一名组员绘制完成为止；画完之后，请每位服刑人员绘制自己的心愿卡片（今年内希望达成的三个小愿望），并将之贴到本组的愿望树上，最后，由一名服刑人员作为代表来对本组的愿望树进行讲解 备注：领导者还可以根据各组的合作程度、作品的创意、解说的水平进行评比，准备适当小奖品颁发给获胜组

【单元二：情绪的出口】

目标：进一步增进团体凝聚力，认识情绪，学习健康的情绪宣泄方式。

内容与流程：

目的：活跃氛围，放松身心，通过肢体接触来相互减压及慰藉 时间：约 15 分钟	**热身活动：接龙敲背** 操作：全体组员围成一个大圈，统一向左转，双手搭上前面一个伙伴的肩膀上，为前面的伙伴按摩放松，按摩的顺序依次为：头部、肩膀、手臂、腰、耳朵，并不时询问前面伙伴舒适度，及时进行力度与手法的调整，直到前面伙伴感到满意为止，如果全体成员都进展顺利，可要求全体组员慢慢走起来；做完之后，请所有人向右转，帮助刚才为你按摩的组员进行放松按摩 要求：领导者边喊口令边进行示范，两名助手也融入其中，如果出现组员不配合的情况，领导者需要进行个别关注，消融彼此的界限感
目的：认识情绪，并学会关注身体与情绪的关系 时间：约 20 分钟	**主题活动（1）：心情播报＋身体扫描** 准备：A4 纸、彩笔若干 操作：全体围成一个圆圈，以冥想音乐作为背景，领导者引导组员闭上眼睛回忆过去一周内的感受，从头到脚进行全身扫描，找到自己最舒服的位置与最不舒服的位置，并用相应的颜色来代表自己的感受，最后邀请组员在白纸上绘制出“人形”，并标注不同颜色
目的：认识情绪与色彩的关系，学习将情绪外化的方法 时间：25 分钟	**主题活动（2）：情绪与色彩** 操作：请每位服刑人员选择三种最喜欢的色彩，三种最讨厌的色彩，依次排序，并展开讨论；讨论问题如下：（1）它给你什么感觉？为什么你喜欢／讨厌它？（2）每一种颜色给你什么感觉？（3）每一种情绪可以用什么颜色来代表？
目的：学习情绪宣泄的方法，减缓压力 时间：60 分钟	**主题活动（3）：情绪宣泄** 准备：大号绘图纸一张，水彩笔若干 操作：（1）请每位服刑人员选择一种自己最不喜欢，但又常常在生活中出现、难以摆脱的负面情绪，用一个颜色来代表。指导语：“有些情绪是我们很难控制的，我们明明知道它不好，但却很难摆脱它，它时常束缚着我们的心灵，让我们寸步难行，今天我们就试试看能不能把扔掉，请大家想象一种你觉得最讨厌但又最难以摆脱的情绪，我们用绘画的方式让它从我们的身上流到眼前的这张纸上，请大家先完全的感觉这种负性情绪，然后以画圈的形式在这张纸上去呈现它，用尽你的力气去呈现它，当你越能感受到它时，你的力气需要越大，这样才能让这种负面情绪从身体里流淌到纸上，不用担心把纸划破，你只需要专注于呈现这个情绪即可……”（2）服刑人员画完后，休息片刻，放在远处观摩自己的作品；（3）小组内分享远观的感受，以及绘画时的感受

【单元三：给心灵松绑】

目标：处理创伤，建立安全感。

内容与流程：

目的：建立团体信任感和培养团体融洽气氛 时间：约30分钟	**热身活动：信任跌倒** 操作：分为两组，各组服刑人员围成一个小圈，先请一位组员站在中间，其他组员手拉手围成圈，距离以围圈的组员双手扶到圈中人为宜。练习开始时，圈中的服刑人员闭上眼睛、环抱双手，自觉舒适地倒向任何一方，其他组员通过手挽手，形成保护圈给予保护，不能让圈中人跌倒，圈中人往哪个方向倒，团体就往哪个方向去接住他，并将其推到中间的位置，如此，经过多次的倒下、接住后，圈中人即可体验到从紧张到放松的感受，领导者再根据具体情况邀请尽可能多的组员去圈内体验。最后，可以邀请组员分享：（1）倒下的那一刻你害怕了吗？（2）你相信其他组员能稳稳地接住你吗？（3）体验之后，你的感觉是什么？
目的：对无法处理的创伤进行打包，实现对个体正常心理功能的恢复 时间：约60分钟	**主题活动：我的保险箱** 准备：舒适不摇晃的椅子若干、冥想音乐 操作：领导者以催眠引导的方式，从之前的活动自然地切换到“面对创伤”的主题上，调动服刑人员五官去充分的感受当下，之后再用和缓轻容的方式引导出“丧失”，即：创伤内容，给足每位服刑人员用自己的方式去面对、整理、抚慰内在创伤，最后以打包的方式将创伤放入保险箱 要求：领导者要控制语速、语调、语音，事先熟悉对催眠引导语，熟练掌握催眠治疗的操作，并给足服刑人员对创伤的掌控感

【单元四：接纳与放下】

目标：学习接纳过去，赋予意义，放下不必要的包袱。

内容与流程：

目的：团体合作来解决困难，体会团队支持对个人的意义 时间：约30分钟	**热身活动：解开千千结** 操作：请所有服刑人员手拉手围成一个圈，看清楚自己的左手和右手分别是谁，确认后松手，在圈内自由走动，领导者叫停，组员定格，位置不动，伸手去拉原来牵住的左手和右手，从而形成许多结，要求组员不能松手，但可以选择用钻、跨、绕等其他方式，要求组员设法恢复到最初的状态。练习时需要组员有耐心、互相配合、齐心协力。当全体服刑人员通过集体的智慧成功解决困难时，请组员分享活动的感受

续表

目的：以组员能接受的形式处理创伤，并进行升华引导 时间：约50分钟	**主题活动（1）：隐喻故事“小溪、巨石和大海”** 准备：舒适不摇晃的椅子若干、冥想音乐 操作：领导者以催眠引导的方式，从上一次聚会的主题活动“我的保险箱”入手，导入具有“小溪、巨石和大海”的隐喻故事。故事结束后，请愿意分享的组员进行分享，领导者最后根据组员的分享情况进行总结。讨论的参考问题：（1）在这个故事里，有哪句话让你感动吗？（2）在你听来，这是一个怎样的故事呢？ 要求：领导者不可对故事进行完全照搬，一定要结合具体情况，如：组员的创伤类型、性别、创伤期等特点进行一定的内容创新；另外，领导者不一定需要对隐喻故事进行解读，因尊重服刑人员有自己不同的解读
目的：通过仪式，让组员正面、积极地完成未完成的表达与告别，缅怀故人，告别昨天 时间：约40分钟	**主题活动（2）：告别仪式** 准备：空椅子每人两把，每人一只菊花，一只装有清水的盆 操作：分为两个小组，各小组围成圈，小组成员集体向后转，面对一把空椅子，空椅子象征着自己逝去的亲人，请组员轮流在两把椅子上互换，不断扮演自己与逝去的亲人，完成一段内心的对话，领导者根据实际情况，不一定要求组员将对话过程讲述出来。等到对话过程结束后，邀请每位组员在空椅子上放一只装有清水的盆，助手给每位组员一只菊花，组员将菊花瓣轻轻摘下，放入清水盆，以此寄托哀思，完成对逝者的告别 要求：（1）领导者应熟练掌握空椅子技术的操作过程，特别注意在角色转换阶段的有效引导，并能够对突发情况进行有效处理；（2）全程播放合适的冥想音乐，领导者的言语引导要舒缓，并根据组员的反应有适度停顿，在面对组员情绪反应激烈时，事先准备好纸巾，同时，可根据组员的接受程度，加入适当的哀伤相关知识，让他们知道一定的情绪反应是正常的，也是可以应对的

【单元五：前方仍有路】

目标：感悟成长，重燃希望，面向未来。

内容与流程：

目的：体会成长的过程，明白成长过程中的艰难与反复，体会不同的成长方式 时间：约15分钟	**热身活动：成长五部曲** 操作：全体组员围成大圈，领导者事先宣布规则：（1）所有组员都需要完成从蛋—小鸡—鸟—猴子—人的五级进化过程；（2）每个生物体的代表动作是不同的，蛋—蹲下抱头；小鸡—半蹲着左右舞动双手；鸟—站着左右舞动双手；猴子——单脚落地，一只手在额前；人——自立行走；（3）每次进化采用“剪刀、石头、布”的方式猜拳定输赢，赢的一方往上进化一级，继续找同级生物进行PK，直到进化成人为止；输的一方则要退化到“蛋”的状态，再找“蛋”的组员进行猜拳。活动结束后，领导者适当进行引导、讨论、总结
目的：帮助组员构建自己支持系统、增强行动的力量感 时间：约45分钟	**主题活动（1）：我的支持系统** 准备：心形卡片、水彩笔若干，冥想音乐 操作：请组员闭上眼睛，在冥想音乐中，跟随领导者的引导语“请大家仔细想一想，在我们未来的服刑改造生活中，有谁会理解、帮助、支持我们，有哪些资源是我们可以利用的，这些资源可以是人，也可以是物，还可能是一些象征……”，之后，请组员睁开眼睛，每人发放一个心形卡片，请组员利用自己喜欢的三种颜色，在心形卡片的一面画出自己的支持系统。画完之后，小组内交流分享，最后进行大组分享 备注：实际上，每个服刑人员在创伤事件发生后，都有自己的应对方式，有些甚至是非常有效的，领导者也可根据实际情况，如时间充裕，增加“我的应对”一环
目的：彼此见证，规划未来，重燃希望 时间：约50分钟	**主题活动（2）：未来三件事** 准备：每组一张大号绘图纸，水彩笔若干 操作：分为两组，小组成员围圈而坐，每位服刑人员轮流说出自己在接下来的一年会做出改变的三件小事，分享完之后，集体绘制“小组明天蓝图”，里边要涉及每位组员的三件小事，可以用图画表达，也可以用文字书写，形式不限，最后由一名代表来讲解本组的作品 备注：两个小组可以彼此打分，评选优秀作品
目的：处理离别情绪，彼此支持，圆满结束 时间：约10分钟	**主题活动（4）：合照留影** 操作：在音乐《祝福》中集体合影留念，彼此拥抱握手，团体结束

资料库：

【引导语：保险箱技术】

1.请想象在你面前有一个保险箱，或者某个类似的东西。现在请你仔细地看着这个保险箱：它有多大（多高、多宽、多厚）？它是用什么材料做的？它是什么颜色的（外面的、里面的）？它的外壁有多厚？这个保险箱里面分了格，还是没分格？有没有抽屉？内部结构是怎样的？仔细观察这个保险箱的细节：箱门容易不容易打开？开关箱门的时候有没有声音？如果关保险箱门的话，操作是如何的？有没有钥匙？如果有钥匙的话，钥匙是怎样的？如果不是用钥匙的话，锁是怎样的？是密码的吗？按键的还是转盘的？甚至是遥控的，或者电脑操控的？当你看着这个保险箱，并试着关一关，你觉得它是否绝对牢靠？如果不是，请你试着把它改装、加固到你觉得百分之百的牢靠。也许你可以检查一遍，看看你选择的材料是否正确、外壁是否够结实、锁也足够牢靠。现在请你打开你的保险箱，把所有给你带来压力的东西，统统装进去。

2.有时把压力装进保险箱一点也不费事，有时则会感觉比较困难。你可能会不知道如何把负面的感觉、可怕的画面等这样一些东西装进保险箱。所以，这时我们就需要用到心理负担"物质化"的技术，让自己能把那些东西不费力气地放进保险箱。

例如：

（1）感觉：比如对死亡的恐惧以及身体不适，比如疼痛，给这种感觉或身体不适设定一个外形（比如章鱼、巨人、乌云、火球等）尽量使之可以压缩，然后你可以将它们压缩到足够小，以便放进一个小盒子或其他的类似容器，再锁进保险箱。

（2）念头：可以考虑在想象中，将某种念头写在一张纸条上——甚至为了保密安全你可以用一种别人看不见的神奇墨水，必须要你用特制的显影药水才能让它显影被看见——然后将纸条放进一个信封封好。

（3）图片：将那幅图片在想象中浮想出来，必要时可以将之缩小、去除颜色，使之泛黄等等，然后装进信封之类的，再放进保险箱。

（4）内在影片：将相关内容设想为一部电影录像带，必要时将之缩小、去除颜色、倒回开始的地方，再把磁带放进保险箱。

（5）声音：想象把相关的声音录制在磁带上，将音量调低，倒回到开始的地方，再放进保险箱。

（6）气味：比如你可以想象将气味吸进一个瓶子，用软木塞塞好，再放入保险箱锁好。

（7）味觉：将让自己感到不适的味觉转化为某种颜色或形状，尽可能将它缩小，然后再放进一个可以密封的罐子或者一个装酱菜的玻璃瓶。

3.锁好保险箱的门，想想看，你想把钥匙藏在哪里——根据不同类型的锁，有些可以不用钥匙，比如遥控锁等。找个安全的地方把它收藏好，不要把它随便扔掉或弄丢。请把保险箱放到你认为合适的地方，这地方不应该太近，而应该在你力所能及的范围里，但又尽量能放得远一些。同时，在你想去的时候，就可以去。原则上，所有的地方都是可以的。

续表

比如你可以把保险箱发射到某个陌生的星球，或让它沉入海底等等。但有一点很重要，就是你事先要考虑清楚，你怎样才能再次找到自己的保险箱——愿意的话，你可以考虑动用魔力或任何特殊的工具。你可以在自己有巨大压力而难以承受时，使用自己的“保险箱”，可以尝试将各种压力以及压力感受、情绪等装入自己的保险箱，让自己暂时封闭压力源，等自己状态比较好的时候，再拿出来慢慢面对和处理。 **【隐喻故事：小溪、巨石和大海】**① 1.在你完全放松之前，或许你需要调整一下自己的身体，或坐，或趴，或卧，或躺，让自己更舒服一些。调整一下自己的思绪，关注在呼吸上。或许你还要调整一下自己的呼吸，让自己的呼吸变得深、长、慢、匀。或许闭上眼睛会让你的心身进入更加放松的状态。你能够听到周围的各种声音，这些声音不会干扰到你，它们可以帮助你更快地放松下来，你能够感觉到身体和周围的接触，能够感受到周围的温度。如果有风吹来，你能感觉到风儿拂过皮肤的感觉。你的心、你的身、放松下来。慢慢地，周围的事物离你越来越远，你只关注到我的音乐和声音。随着呼吸变得深、长、慢、匀，身体的感觉变得慢慢清晰起来。你能感受到每一次深呼吸。随着每一次深呼吸，你身体的感觉都会不同。每一次深吸、深呼，你都会更加、更加的轻松。你身体的各个部位都放松下来。你能感觉到每个部位放松下来，头、颈、肩、胸、腹、臀、大腿、小腿、脚、胳膊、手指、每一块肌肉、每一个骨节都彻底放松。 2.你感觉身体越来越轻，越来越轻，轻得像天上的云朵，一朵飘浮在天上的云，非常自由，非常自在，非常惬意。在蓝蓝的天空中，这朵云，用自己的速度漂浮着，漂浮着，漂浮着。一阵风儿吹来，云变成了雨。雨水一滴、一滴、一滴地落下来。一滴雨落下来，一滴雨落下来，又一滴雨落下来，雨珠一滴、一滴、一滴地落下来。落在地面的雨水，一滴，一滴，一滴地汇聚起来，一滴、一滴、一滴的雨水，汇聚成了浅浅的水流。一条、一条、一条浅浅的水流，汇聚成了一条小溪。浅浅的小溪开始流动，越来越多的水汇聚到小溪中，就像蹒跚学步的孩子，小溪慢慢地向前流动。就像不断长大的孩子，小溪变得越来越大。长大的小溪有了自己的方向，它开始走下高山，流过平原、穿过森林。不断有水加入小溪，小溪觉得自己越来越有力量。小溪不断地向前奔流。有一天，小溪遇到一块巨石。小溪从来没有遇到过这么大的石头，它想把巨石冲开，它用尽全身力气冲向巨石。巨石纹丝不动，小溪很着急，小溪很害怕，小溪有点累：“大石头，大石头，你为什么当我的去路？”“我一直在这里啊，我就是自然的一部分。”小溪再次用尽全身力气冲向巨石，巨石纹丝不动。小溪很着急，小溪很害怕，小溪很疲劳：“大石头，大石头，你为什么挡

① 故事选自严文华，李冀.地震后儿童和青少年团体心理游戏培训手册［M］.上海：华东师范大学出版社，2008年版。

续表

住我的去路？”“我一直在这里，我就是自然一部分，你有你的去路，我有我的位置。”小溪想了想：“是啊，我为什么一定要冲开大石头呢？也许还有其他的方法。”小溪分成两股，从大石头两侧流过。左边的那股水流继续向前流去，右边的那股水流打了个回旋，安静下来，它对继续向前的水流说：“我没力气了，我累了，我要在这里停下来。你继续向前吧，再见了！带着我的祝福上路。”右边的水流形成了一个水潭，安静地停留在那里，白云把自己的影子倒映在里面。“再见了！我记住了你的祝福！”左边的水流继续向前流。小溪流过高山，流过平原，穿过森林，继续向前流。它有时会想起那潭水，有时会想起那块大石头。它们会想自己吗？它一直没有停下脚步，它始终在向前流。 3.有一天，它来到一片巨大的水域，温暖、宽阔、无边无际、波光粼粼、浪涛声声，鱼儿们在快乐地游动，水草们在自由飘动。还有白帆点点，海鸥飞翔。原来，它来到了大海！小溪从来没有见过大海，但它感受到完完全全被包容、被接纳、被关怀。小溪很感动地问大海：“大海啊大海，你为什么接纳我？”“我一直都在这里啊，无数条小溪，大江和大河汇聚成了大海。就像你接纳了那雨滴一样，我接纳所有流到这里的水，所有在这里的生命，所有在水上的船。”看到天上飘过的白云，小溪问大海：“我现在很想念那停在大石头边上的水潭，我该怎么办？”“你曾经是水潭的一部分，水潭曾经是你的一部分。你有你的方向，水潭有它的位置。你想念它，它也想念你。”“我能托天上的白云捎去我的祝福吗？”“你曾经是一朵云，潭水曾经也是一朵云，在大自然的怀中，你们从来没有分开过，它一定会收到白云带的祝福。”“大海啊大海，你会一直这样爱我、包容我、接纳我吗？”“我一直在这里，我会一直爱你、包容你、接纳你，如同你接纳和包容那些雨滴。” 4.把包容、接纳和爱的感觉留在这里，或留在身体在需要的那个部位。或许这些感觉本来就在你心里，你现在要做的只是让它们慢慢充溢你的全身，你身体的各个部位，你和它们充分融合在一起。包容、接纳和爱是你的一部分。慢慢地，你可以用自己舒服的方式和节奏，慢慢睁开眼睛，回到这里，清醒过来。

三、专题3

自强不息是勇者——“三无类”服刑人员团体心理辅导

（一）前　言

“三无”服刑人员是监狱里比较特殊的群体，在日常改造中没有会见、没有通信、没有汇款，大量研究表明，社会支持对焦虑有预测作用。因此，缺乏有效的亲情支持，会导致这类群体面临着更多的焦虑情绪。根据李辉平（2014）

对重庆市 390 名三无服刑人员的调查研究表明：服刑人员的社会支持主要来自家庭支持、朋友支持、服刑人员支持和监管干警支持 4 个维度，且社会支持对三无人员的焦虑水平具有调节作用[15]。

近年来，大部分监狱在重大节日，如春节期间，都会对“三无”服刑人员开展身心关爱活动，通过物质慰问、心灵关怀，让其感受到节日里的关爱与温情。但除了外界的给予外，如果能调动“三无”服刑人员的自主性，使他们能自发的利用狱内支持，如：服刑人员之间、监管干警等，积极取得一定的狱外支持，如：家庭、朋友等，更重要的是在内心构建出自强自立的自我支持体系，将会有效地提高他们在监狱生活中的适应性，更好地完成劳动与教育改造。基于上述目的，有针对性地对“三无”人员进行心理调适，帮助他们缓解消极情绪，培养积极的心态，会进一步打开与激活其内在潜力，是本次团体心理辅导的初衷。

（二）理论背景

积极心理学是 20 世纪末西方心理学界兴起的一股新的研究思潮。这股思潮的创始人是美国当代著名的心理学家马丁·塞里格曼，谢尔顿和劳拉·金，积极心理学主张研究人类积极的品质，充分挖掘人固有的潜在的具有建设性的力量，促进个人和社会的发展，使人类走向幸福，其矛头直指过去传统的“消极心理学”。在过去“消极心理学”一直占在主流位置，Seligman 曾注意到在对人类情绪的研究中，就有约 95% 的研究是关于抑郁、焦虑、偏见等负性情绪的研究。在对精神疾病的了解和疗法取得巨大进步的同时，心理学却逐渐成为一门受害者科学。注意到这种现象，积极心理学认为：心理治疗不仅仅是对损伤、缺陷的修复和弥补，更应是对人类自身所拥有的潜能、力量的发掘；心理学不仅仅是关于疾病或健康的科学，它也应是关于工作、教育、爱、成长和娱乐的科学。

针对“三无类”服刑人员，积极心理学的治疗理念具有得天独厚的优势，团体领导者在帮助其接纳并正视现实的同时，还需要引导他们用积极的眼光去看待自己，“三无”并不意味着一无所有，实际上，他们虽然失去了来自亲人的社会支持，其还可以有许多可利用、可珍惜的社会资源，同时努力发现和提升自身的优势，改变受害者的心态模式，树立起为自己负责的生活价值观，仍然可以在监狱改造的过程中得到更多的自我成长。

（三）方案设计及实施

1. 团体设置

（1）目标：提高“三无类”服刑人员积极的现实能力，促进其自我成长。

（2）时间：集中两天半时间，上午下午各 2 小时。

（3）对象：16 名“三无类”服刑人员，分为两组。

（4）地点：教育中心团体心理辅导室。

（5）团体领导者：两名经验丰富的团体领导者，另配备助手两名（获二级心理咨询师证书的狱警），一名领导者与一名助手负责一个小组。

2. 总体方案设计

单元主题	活动目标	活动流程
第一次 有缘千里来相会	1. 团体成员之间初步认识； 2. 建立团队凝聚力和信任感； 3. 阐明团体契约	1. 领导者及助手做自我介绍、团体简介及规则要求； 2. 热身活动： （1）我们是长龙 （2）偶像哈哈镜 3. 主题活动： （1）滚雪球（2-4-8） （2）爱心小天使 （3）讨论团体契约
第二次 同舟共济	1. 增进组员之间的信任感，进一步加强团体凝聚力； 2. 引发共情	1. 热身活动： （1）播撒爱心祝福 （2）同舟共济 2. 主题活动： （1）盲人与拐棍 （2）我的压力圈
第三次 我的百宝箱	1. 增进组员之间的支持，营造温暖氛围； 2. 正视现实，辩证思考； 3. 拿回自己的生命能量	1. 热身活动：播撒爱心祝福 2. 主题活动： （1）播放“鹰之重生”视频 （2）“三无”的得与失 （3）我的百宝箱
第四次 困境突围	1. 增进组员之间的支持，营造温暖氛围； 2. 学习更有效的问题应对方式，正视现实	1. 热身活动：播撒爱心祝福 2. 主题活动： （1）突破困境 （2）重审压力圈
第五次 笑迎未来	1. 明晰价值观及未来行动方向； 2. 在温暖与支持的氛围中结束团体	1. 热身活动：播撒爱心祝福 2. 主题活动： （1）临终 10 件事 （2）爱心小天使揭秘 （3）笑迎未来

3. 具体实施

【单元一：有缘千里来相会】

目标：团体组员之间初步认识，培养团体凝聚力，建立团体契约。

内容与流程：

目的：介绍团体的目的及规则，打消参与者的顾虑，组员与领导者之间建立联结 时间：约10分钟	**简介活动目的、意义、规则** 团体领导者介绍团体的目的及规则："此次团体活动与大家的日常改造表现、减刑评优都无关，只是来帮助大家放松身心、学习一些减压方法。"领导者与助手依次介绍完之后，还要求参与的服刑人员做到"尽可能地放松，表达自己、学习倾听、暂停评价、注重保密、互相帮助" 提前发放胸牌，写有每位服刑人员的姓名或希望在团体内被称呼的昵称
目的：让组员通过游戏和身体接触产生互动、减少陌生感 时间：约10分钟	**热身活动（1）：我们是长龙** 操作：全体组员随意站立或在辅导室内自由漫步，鼓励组员去认识自己想认识的人，进行微笑握手，要求是：（1）遇到熟悉的服刑人员，说出："咱们以前就认识，今天见到你，咱们握握手。"（2）遇到不熟悉的服刑人员，说出："第一次认识，请多多关照，咱们握握手。"（3）两个组员握手之后，进行猜拳，输的一方将手搭在另一方的肩头，跟随赢的一方；（4）赢家再带着输家继续去找新的人认识；（5）以此类推，组员之间彼此接龙，最后会一个接一个的形成一条长龙；（6）最后集体在龙头的带领下，喊三遍"有缘千里来相会，我们是长龙"
目的：在笑声中，消除组员之间的陌生感 时间：约10分钟	**热身活动（2）：偶像哈哈镜** 操作：接成的长龙围成大圈，由代表龙头的组员任意做出一个动作（要求夸张一些，领导者可先进行示范），然后请余下的组员对龙头做出的动作进行模仿，其他组员依次做出一个动作，要求不得与之前的动作重复，且应有所创新
目的：通过不断地扩大交友范围，使组员之间变得熟悉，引发个人参与团体的积极性 时间：约60分钟	**主题活动（1）：滚雪球（2-4-8-16）** 操作：（1）对刚才"我们是长龙"中进行微笑握手的伙伴进行加深认识，两人一组找椅子坐下，互相做自我介绍，介绍内容包括：姓名、家乡、性格特点、兴趣爱好等个人资料，每人约2分钟，要求：记住对方的个人信息，并能复述；（2）对刚才自我介绍的两个小组进行合并，形成四人小组，采用他人介绍的方式，每位组员将两人小组的另一个伙伴向其他一个两人小组介绍，每人约2分钟；（3）刚才形成的两个四人小组合并，形成八人小组，每个组员用一句话介绍自己，内容包括：姓名、家乡、兴趣爱好，要求：后一个成员介绍自己时，必须先从第一个组员的信息开始，以此类推，成员之间可以进行相互帮助；（4）对刚才的两个八人小组各围成里外两个圈，一对一面对面站立，相互介绍（姓名、家乡、兴趣爱好），然后领导者叫停，里圈不动，外圈组员向右边移动一位，继续与新朋友相互介绍，如此循环，直到所有人都相互介绍一遍

续表

目的：增强自信，让三无类服刑人员学会关心他人，同时也感受到团体之间爱的传递。增加对他人的信任与接纳 时间：30分钟	**主题活动（2）：爱心小天使** 准备：一些写有组员名字的小纸片做成的签 操作：请组员抽签（如果抽到自己的名字则重新抽），每个组员将抽到另一名成员的名字。在整个团体活动的过程中，所有组员要扮演爱心小天使，默默守护自己抽到的那位组员。领导者可以启发组员如何去做好爱心小天使，如积极关注那位组员，多给他鼓励和帮助；多观察他，看他在团体活动中的变化和成长；在活动间隙，给他写一些问候的纸条，或给他依据鼓励的话或表达自己对他的关心。以后每次活动开始，领导者都会留出一些时间当众宣读组员们偷偷送上的纸条，播撒小天使们送出的祝福。但必须注意的是，爱心小天使自始至终不能暴露自己的身份 注意：遇到文盲的服刑人员，可以绘画形式表达或者提前请领导者及助手帮助自己写好小纸条

【单元二：同舟共济】

目标：增进组员之间的凝聚力与信任感，引发共情。

内容与流程：

目的：让组员体验关爱他人和被关爱的感受，增进团体凝聚力 时间：约10分钟	**热身活动（1）：播撒爱心祝福** 操作：在活动开始前，让成员将写好的祝福纸条集中放到某处，领导者当众宣读纸条，并把它们交给被祝福对象
目的：集思广益，团体合作，创新思维，努力尝试，增进团体凝聚力和成员感情 时间：约15分钟	**热身活动（2）：同舟共济** 准备：每组发一张大报纸，可视为大海中的一条船，每组8人 操作：练习开始时，指导者要求将报纸铺在地上，代表汪洋中的一条船，现在，需要团体组员8人同时站在船上，一个也不能少，必须同生死共命运。随后让组员们想方设法，使全体组员同时登上船。行动之前团体可以充分讨论，拿出最佳方案。常常会出现组员同心协力，集思广益、人拉人、人背人、叠罗汉等各种方法，体现团体的合作。当成功完成任务后，领导者可要求面积减半，继续实验。完成后可继续将面积减半，随着难度增加，组员的努力也会越来越加强，团体的凝聚力空前提高。练习的结果常出乎组员们的想象，组员创造性的发挥全组智慧，也让成员充分体会团体合作的力量 备注：注意活动的安全性

续表

目的：让组员通过助人与受助的体验，增强对他人的信任与接纳 时间：约60分钟	**主题活动（1）：盲人与拐棍** 准备：（1）领导者事先要选择好路线，最好道路有一定阻碍，如上楼、下坡、拐弯、室内外结合等；（2）蒙眼睛的眼罩或头巾 操作：让全体组员围成内外2个圈，内圈做“盲人”，外圈做“拐棍”来帮助盲人，2人一组（盲人不只拐棍是谁），盲人原地转3圈，展示失去方向感，然后在拐棍的搀扶下，沿着指导者选定的路线，带领盲人绕室外练习，其间不能说话，只能用手势、动作帮助盲人体验各种感觉。练习结束2人坐下交流当“盲人”和“拐棍”的感觉，并在团体内交流。然后互换角色，再来一遍（“盲人”和“拐棍”的组合可以改变），再互相交流 交流讨论集中在以下几个方面：（1）对于“盲人”，你看不见后是什么感觉？使你想起什么？你对你的伙伴的帮助是否满意？为什么？你对自己或他人有什么新发现；（2）对于“拐棍”，你怎样理解你的伙伴？你是怎样想方设法帮助他的？这使你想起什么？
目的：看到自己与他人目前所面临的压力圈，在小组中达到共情的效果，并学会给压力分类 时间：35分钟	**主题活动（2）：我的压力圈** 准备：A4纸、水彩笔若干 操作：由领导者示范，每位组员反思：我目前存在哪些压力？有多少压力就画多少个压力圈，压力圈的大小由压力的大小决定，并为各个压力圈命名与涂上相应的颜色，之后进行小组内分享各自的压力情况 备注：领导者需帮助小组成员进行压力分类，在本次活动中仅仅在于引发共情，并不要求进行问题解决

【单元三：我的百宝箱】

目标：强化支持，寻找力量与资源，正视现实。

内容与流程：

目的：让成员体验关爱他人和被关爱的感受，增进团体凝聚力 时间：约 10 分钟	**热身活动：播撒爱心祝福** 操作：在活动开始前，让成员将写好的祝福纸条集中放到某处，领导者当众宣读纸条，并把他们交给被祝福对象
目的：借助“鹰的意向”来寻找重生的力量 时间：约 30 分钟	**主题活动（1）：播放《鹰之重生》视频** 操作：播放短片《鹰之重生》，并邀请组员进行观后感的讨论 要点：（1）只有当组员进行充分讨论后，领导者再适当加入或点拨出组员未注意到的点；（2）注意结合服刑人员的“三无”人员身份进行总结；（3）最后邀请组员对之前的绘制的“我的压力圈”，加入“鹰的意向”来帮助自己
目的：让组员理性地分析自身的优势与劣势，学会用辩证的视角正视与“三无”的困境，并发掘自身资源 时间：约 40 分钟	**主题活动（2）：“三无”的得与失** 材料准备：每组绘图纸两张，马克笔两支干 操作：小组围圈而坐，圈内放上一张绘图纸，思考“三无”给自己带来的“得到”与“失去”。要求：（1）先充分探讨“失去”，再讨论“得到”；（2）“得到”的部分，领导者要多运用积极心理学方面的背景知识；（3）领导者不光要帮助组员梳理出“失去”与“得到”，更要分析发挥优势，克服劣势的方法。（4）小组充分讨论之后，在大组内进行分享 备注：领导者要注意用语用词，避免给组员贴标签，形成不良暗示，比如，“三无人员”等词语需用更缓和的词语替换，根据服刑人员的具体情况，用服刑人员能理解与接受的语言表达为佳
目的：让组员通过团体互动充分地探索自身的优势，并思考如何利用和发挥自身的优势 时间：40 分钟	**主题活动（3）：我的百宝箱** 准备：A4 纸若干、大白板、水彩笔若干 操作：在“得到”的基础上，领导者带领每位组员总结自己在成为应对困难方法的经验，找到自身的优势、资源、能利用的社会支持，建立每个人的资源清单，即：我的百宝箱。整理好之后，各组领导者先带领组员在小组内进行归纳总结，最后根据时间请代表在大组内分享 注意：以事件作为支撑和导入口，领导者需要不断启发组员

【单元四：困境突围】

目标：营造温暖，强化支持，找到从解决困难的具体方法。

内容与流程：

目的：让组员体验关爱他人和被关爱的感受，增进团体凝聚力 时间：约 10 分钟	**热身活动：播撒爱心祝福** 操作：在活动开始前，让成员将写好的祝福纸条集中放到某处，领导者当众宣读纸条，并把它们交给被祝福对象
目的：协助组员面对困境，并尝试找到解决的方法 时间：约 80 分钟	**主题活动（1）：困境突围** （将前边所学的内容，集中到一个最困扰自己的事件上来） 准备：每人四张 A4 纸，水彩笔若干 操作：领导者带领组员坐想象放松，等组员都平静下来之后，发放用纸，逐一带领组员绘制四幅分别有不同含义的画。具体为：（1）第一幅画：此时此刻的感受；（2）第二幅画：当前自己最大的一个困扰（可以是之前最大的压力圈，也可以不是）；（3）第三幅画：解决这个困扰的方法，注意提示组员可运用上一次活动中发现的资源；（4）第四幅画：如果这个困扰得到成功解决之后，生活会变得如何的表达。四幅画创作完之后，进行组内分享与交流 备注：通过组员的反馈与协助，组员大多会对自己当前的困惑更加明晰，且更有信心解决好当前困惑
目的：启动组员自身的资源去解决问题，增强自我效能感 时间：约 30 分钟	**主题活动（2）：重审压力圈** 材料准备：之前的“我的压力圈”绘图、A4 纸若干 操作：领导者邀请组员围圈而坐，重新去逐一审视自己的每个压力圈，配备合适的引导语及音乐，领导者提示：此时此刻，你觉得有些压力圈有没有发生什么变化？是变大还是变小了？颜色有没有发生改变？冥想 10 分钟后，邀请组员重新绘制另一幅“我的压力圈”，之后进行对比，并在小组内进行交流分享

【单元五：笑迎未来】

目标：明晰价值观及未来行动方向，在温暖与支持的氛围中结束团体。

内容与流程：

目的：让组员体验关爱他人和被关爱的感受，增进团体凝聚力 时间：约 10 分钟	**热身活动：播撒爱心祝福** 操作：在活动开始前，让成员将写好的祝福纸条集中放到某处，领导者当众宣读纸条，并把他们交给被祝福对象
目的：告别受害者的角色，对人生价值做出具体的探索，意识到生命的宝贵，协助服刑人员在未来生活中做出明智的抉择 时间：约 60 分钟	**主题活动（1）：临终十件事** 操作：领导者告知组员，由于种种原因，你正面临着死亡。终期将至，时间只允许你做最后的十件事，你会做哪十件事？然后写下你的遗嘱（50 字内）。每个组员认真思考之后写下自己的十件事和遗嘱，再向其余组员说出，并解释原因，谈一谈在写的时候有什么感受，这个感受对以后的服刑改造生活有什么影响。通过练习，可以帮助组员对自己的人生观和价值观进行整理，也可以通过与他人的交流，得到相互的启发 备注：（1）如果服刑人员为文盲，则将“写下遗嘱”改为“说出遗嘱”即可，但领导者要控制好说话时间；（2）领导者若以某个生命故事作为导入，将取得更好的效果，最好结合本监狱近期发生的生命事件，也可以选用小短片《生命的列车》作为铺垫
目的：每个组员和自己的爱心小天使相认，互相祝福，增进成员之间的感情 时间：约 20 分钟	**主题活动（2）：爱心小天使揭秘** 操作：大家围坐成圈，将一把椅子摆在圆圈中央，随便请一位组员坐到椅子上（可以选择年纪最小的，或者采取别的选择方式产生），猜猜自己的小天使是谁，说出为什么，然后闭眼，这位成员的小天使做出飞翔的姿势来到椅子背后，组员睁眼，与小天使相认，并互相问候和祝福。相认结束后，组员回到座位，他的小天使坐到椅子上，猜测自己的小天使，重复前面的过程。以此类推，如果这种接替顺序中途中断，则任选一位组员坐到椅子上，继续游戏
目的：了解组员在团体中的收获，讨论成果，彼此反馈，结束团体 时间：约 30 分钟	**主题活动（3）：笑迎未来** 材料准备：A4 纸、笔若干 操作：组员围圈而坐，由一位组员当主角，大家讨论他现在与刚参加团体时有何不同，参加团体后在哪些方面改变了。然后请他说出自己的感受，再换另一位组员，以此类推，团体对每位组员都要进行反馈，结束时，每人发一张纸，领导者事先在纸的顶端写上“对 XXX 的祝福”，然后传给每个组员，每个组员都用写字或绘画的形式表达对这个组员的祝福，以此类推，每位组员都细细阅读他人对自己的祝福，并与组员进行一一握手道别

四、专题4

一沙一世界——服刑人员团体沙盘游戏治疗

（一）前　言

服刑人员是心理疾病的高发群体，由于在入监之前，往往都经历过犯罪、被捕、诉讼、审判、监禁、家庭破裂等一系列异于常人的生活应激事件，而大部分服刑人员又因为缺乏自我调节能力，极易在监狱这个特殊的监禁环境中诱发各种各样的心理问题，使服刑人员变得心态消极，情绪焦虑失眠易怒、抑郁甚至出现自残、自杀等行为，这些对于罪犯的教育和改造活动都是非常不利的。根据徐凯文（2010）对北京10所监狱、2690名服刑人员的调查研究表明：服刑人员各种人格障碍的阳性检出率显著高于普通人群，其中反社会人格障碍的阳性检出率是大学生群体的10倍[16]。因此，设法找到一种能够在短时间内缓解服刑人员消极情绪的心理矫治方法非常重要。

随着监狱规范化建设步伐的稳步迈进，各个监狱心理健康指导中心都配置了沙盘治疗室。沙盘疗法对成人焦虑的干预效果的保持性要优于认知治疗和放松训练[17]。林惠彬等人研究表明，沙盘疗法能有效地改善人们的睡眠状况[18]。通过游戏的方式，沙盘游戏疗法为服刑人员提供了安全表达和自由探索的空间，可以帮助服刑人员解除内心的防御体系，让深藏于内心的矛盾、冲突、人格阴影得以呈现与表达，让负性情绪得以宣泄，让分裂的自我得以整合，诱发自愈，从而达到心理矫治的效果。因此，沙盘游戏疗法非常适用于防御性强、语言表达能力欠佳的服刑人员。目前，国内大部分监狱已开展了沙盘心理咨询与治疗工作。而团体沙盘游戏治疗是在个体沙盘游戏治疗的基础上发展而来的，采用多人共用一个沙盘的形式进行。由于其可以同时给多个服刑人员开展治疗，又可呈现出服刑人员之间人际关系的动力，使参与的服刑人员不仅能认识自己，也能站在他者及团体的角度审视与调节自己，从而促进其现实人际关系的改善，因此利用团体沙盘游戏治疗，来帮助人际关系欠佳的服刑人员获得心灵成长，将极大地拓展沙盘游戏治疗在团体心理辅导方向上的应用价值。本方案针对服刑人员的监舍人际矛盾而设计，以两个监舍为试点，邀请两个监舍共16名服刑人员（分为两组）进行团体沙盘游戏治疗，并取得了良好的效果。

（二）理论背景

1. 沙盘游戏

一盘柔软洁净的细沙，一架子各式各样的沙具，一段陪伴式的关系，就可以架起沟通潜意识和意识的桥梁，通过来访者的创作，在不经意间呈现出其内心世界，并在一次又一次的沙具摆放过程中，使其内心得到整合、个人得到成长。

沙盘游戏是以荣格分析心理学原理和东方哲学文化精髓为基础，由多拉·卡尔夫发展创立的心理分析技术，卡尔夫创造性地将荣格的分析心理学理论运用到沙盘游戏中，并给沙盘游戏注入了新的生命。卡尔夫的基本假设是：心灵具有自愈的功能，沙盘可以促进这个过程。具体而言：如果治疗师能和来访者建立稳定的关系，采用非干扰性的陪伴，就能激发来访者表达前语言阶段的体验和受阻的能量，加强自我和无意识的自性联系，使心理能量得以重新配置并能正常运行，即：产生心灵自愈的过程。

2. 团体沙盘游戏

（1）限制性沙盘游戏治疗

团体沙盘游戏治疗，一般采用的是限制性团体沙盘游戏治疗，所谓限制性团体沙盘室指有一定规则限制的团体沙盘游戏，团体组员需要按照规则分轮进行沙盘作品的制作，一次团体治疗需要进行若干轮，在整个过程中不允许组员之间进行言语和非言语的交流与互动。限制性团体沙盘在物理配置上和个体沙盘一致，有条件的团体沙盘室建议配置一台电脑，方便进行每轮照片的显示。作为现实社会关系的一种缩写，限制性团体沙盘以其省时高效、经济方便、促进人际沟通等特点得到越来越多的重视。

目前，限制性团体沙盘游戏治疗广泛应用于人际关系、亲密关系，包括夫妻关系、亲子关系等方面的治疗，组员通过互动式的作品制作，将人与人之间的行为互动方式在团体沙盘中得以呈现，并通过多次的制作过程产生磨合，可以激发组员之间的自愈能力，获得现实人际关系的改善。

3. 团体沙盘游戏的常见阶段

（1）阶段一：冲突阶段

此阶段的组员更关注自我，关注点主要集中在挑到自己喜欢的沙具与摆放的位置，很少考虑他人。当他人由于不理解自己的意图而挪动了自己所摆放的玩具，或者自己以为是好意而对他人所摆的场面进行调整时，就会出现强烈的心理冲突，组员间可能发生挑衅的行为，也有的组员甚至会感到失望而脱落。就整个团体的作品而言，在同一个沙盘里，组员摆放的沙具显得多而凌乱，各自为政，界限明显，很难达成统一的团体主题。

（2）阶段二：调整阶段

经过了上一阶段冲突的呈现，特别是全体组员经过讨论与反思后，组员开始意识到团体主题的意义，在选择沙具与摆放位置上，组员之间开始相互考虑，特别是当团体作品的整体风格发生冲突时，迫于团体压力，之前我行我素的组员开始渐渐选择与团体保持一致。同时，由于不间断地进行讨论，组员之间的交流开始加深，大家开始开诚布公的谈自己的想法与感受，以及困惑与矛盾，在此阶段仍然会有冲突存在，但相较于上一阶段，在这个阶段的冲突讨论中，组员变得更加理性与客观。

（3）阶段三：整合阶段

在经历了“冲突—沟通”之后，组员对彼此更加地熟悉，甚至有了更多的默契，当主题被初定之后，大家都会默契地向一个方向去摆放作品，逐渐能接纳他人对自己摆放沙具的修饰，自己也能有勇气去修饰他人的作品。此时，团体的凝聚力空前高涨，组员之间的认同感增强，拒绝否定他人以及害怕被拒绝否定的情况更少发生，团体达成一种共识与整合，此时的团体作品主题非常明确，制作流畅。

（三）方案设计及实施

1. 团体设置

（1）目标：促进服刑人员现实人际关系的改善及自我心灵的成长。

（2）时间：一天时间（学习日），上下午各三次，每次 1 小时，共进行六次。

（3）对象：两个监舍服刑人员16名，分为两组，每组8名同监舍服刑人员。

（4）地点：监狱教育指导中心沙盘室。

（5）团体领导者：沙盘游戏师两名（已获证），每组分设一名记录员（由教育中心干警担任）。

2. 总体方案设计

<table>
<tr><th>阶段</th><th>单元</th><th>主　题</th><th>活动目标</th><th>活动流程</th></tr>
<tr><td rowspan="2">初始阶段</td><td>一</td><td>相互认识</td><td>1. 组员与治疗师之间相互认识，消除陌生感；
2. 初步了解沙盘治疗，引发组员对沙盘的兴趣</td><td>1. 领导者及助手做自我介绍、团体简介及规则要求；
2. 热身活动：触沙
3. 主题活动：最打动我的一个沙具</td></tr>
<tr><td>二</td><td>呈现冲突</td><td>1. 让组员之间的冲突自然呈现；
2. 激发组员的投入</td><td rowspan="5">1. 热身活动：
（1）上次活动感受交流
（2）团体规则介绍
（3）触沙
2. 主题活动：
（1）沙盘制作与记录
（2）讨论与作品拆除</td></tr>
<tr><td rowspan="3">工作阶段</td><td>三</td><td>认识冲突</td><td>1. 让组员意识到冲突的存在；
2. 引发自我反思，开启改变的可能</td></tr>
<tr><td>四</td><td>调整沟通</td><td>1. 使组员能站在他人的角度看待问题，同时也能站在团体的角度看待自己；
2. 引发团体自发性的正向改变</td></tr>
<tr><td>五</td><td>整合修通</td><td>1. 引发组员内在精神世界与现实世界的统一；
2. 团体凝聚力不断增强，人际关系自然修通</td></tr>
<tr><td>结束阶段</td><td>六</td><td>达成共识</td><td>1. 组员间能达成主题明确的沙盘作品；
2. 结束治疗，让成员得到现实层面的成长</td></tr>
</table>

3. 具体实施

【单元一：相互认识】

目标：缓解组员紧张感，初步了解沙盘治疗，引发组员对沙盘的兴趣。

内容与流程：

目的：对沙盘游戏进行简单介绍，消除组员对沙盘的芥蒂，说明团体活动的意义 时间：约10分钟	**简介活动目的、意义** 操作：请各组组员围坐在沙盘周围，领导者对活动的形式的内容、形式、基本规则及持续时间进行简单介绍
目的：缓解组员的紧张、压力感，进一步了解沙盘 时间：约15分钟	**热身活动：触沙** 准备：沙盘，干沙或湿沙均可 操作：配合一定的指导语，向组员展示沙盘游戏的材料，说明使用不受限制，邀请组员用手来触摸沙子，可以邀请组员闭上眼睛，配合呼吸来进行放松，放飞想象，用手去感受触沙的过程中，沙传递给自己的一切信息。另外，领导者可以拨开沙子向组员展示沙盘底部的蓝色部分，告知沙下面也是安全的。最后，可以与组员一起讨论：（1）触摸沙时候的感觉；（2）看到蓝色底部的感觉 引导语：欢迎来到沙盘游戏室，这沙箱里面是沙子，我们小时候都喜欢玩沙子，你摸摸看？还可以把沙子挖开，露出里面蓝色的箱底你会想到什么？还像什么？ 注意：如果有的组员在刚开始的时候不愿意去触沙或接触沙盘，可以适度进行引导，但不可强迫
目的：缓解组员的紧张，认识沙具，进一步接纳沙盘治疗，引发兴趣，同时也让领导者对组员的内心有所了解 时间：约35分钟	**主题活动：最打动我的一个沙具** 材料准备： 操作：向全体组员展示沙盘架上的沙具，可以预留5分钟左右时间让组员进行观摩。之后，请全体组员坐定，只允许一位组员走到沙架挑选一个沙具放到沙盘内，让他挑选喜欢的，或者和生活最相关，或者他最愿意拿下来摆放的沙具，轮流依次进行。之后，领导者组织组员进行交流分享：（1）为什么这个沙具打动了你？（2）它对你意味着什么？（3）接下来，我们会正式进入沙盘游戏了，此时此刻，对沙盘游戏有什么想法吗？ 注意：当组员不知道如何摆放时，只需告诉他："当看到哪个沙具和你说话时，你就把它摆到沙盘里，然后按照你的意愿去摆放它们。你想怎么摆就怎么摆。"不可出现暗示性的用语

【单元二——单元六】

内容与流程：

目的：使组员熟悉规则，遵循限制性沙盘的制作过程 时间：约5—10分钟	**热身活动：团体规则讲解** 操作：领导者讲解团体规则，并做适当示范 团体规则： （1）摆放沙具的顺序是由事先的抽签或猜拳来决定的，尽量保证团体中的每个成员都有做“第一”的机会； （2）每人每次只允许一个动作，如放一个沙具，挖一条河，或堆一座山等，如果是同类的玩具或者是密切相关的一系列玩具，有时候可以用多个，比如一只老母鸡带着一群小鸡，这时都可以把它们放上，算一个动作； （3）整个制作过程都不允许组员之间说话，以免相互了解意图，不要用各种方式向其余组员传递自己的意图，但组员可以与领导者之间有互动； （4）不能将他人或自己已摆上的玩具拿走或放回玩具架，但允许移动自己或他人所摆放的玩具，并算作一次，移动完后在这一轮中就不能再摆任何玩具； （5）制作结束前，最后一个人有权利对作品进行最后的修饰，但是也可以放弃这个机会； （6）在制作过程中，如果有某个成员不想摆的话，可以选择在某一轮次放弃
目的：通过沙盘作品来呈现内心世界，了解自己与洞悉团体，并在过程中发生改变 时间：约20分钟	**主题活动（1）：沙盘制作** 操作：领导者用引导语进行引导后，组员依次按照规则进行沙盘制作，领导者中途不参与，对违反规定的行为也不进行阻止，让团体动力自然呈现，但需要对每轮沙盘制作的过程进行详细记录，每轮结束时进行拍照 引导语：我们每一个人都想和他人交流，但是有时候可能用语言表达不清楚，或者不全面，我们可以借用沙盘这个工具，用沙具来制作作品。这不是心理测验，我们也不对每个人的摆放的沙具进行分析，没有对错之分，只是按照自己的想法选择拜访沙具和动沙，将自己想法表现出来就可以了。摆放的次序抽签决定，每人每次可以动沙、摆放一个沙具或者一套沙具，不许拿走别人的沙具，但是可以移动，如果移动了自己的沙具或者别人的沙具则本轮不可以再放沙具。在制作过程之中，组员之间不能以任何形式的方式进行交流 注意：时间和轮次没有特殊规定，一般不得超过60分钟，经过5—6轮，主要由领导者自行把握，如果感觉沙箱里的玩具已经足够多，或者场面比较完整，就可以提前一轮提示，告诉团体组员再进行最后一轮或者两轮沙具的摆放

续表

目的：使组员能站在团体与他者的视角看待自己，增进组员之间的交流与理解 时间：约30分钟	**主题活动（2）：讨论与作品拆除** 操作： 1.讨论：当小组所有轮次结束后，领导者要组织成员进行讨论及启发式提问，讨论的顺序按照摆放时的顺序进行，这时可以将每一轮拍摄的照片存放在电脑投影上帮助回顾，对照照片及记录表提示组员每一轮摆放的是什么，领导者按照摆玩具的顺序由组员一个一个谈摆放该玩具的原因和感受，并对其中引起其他组员好奇的地方进行提问。若有沙具被移动，可限于当事人对话，也可以问其他组员对这种变化的感受，目的是给当事人以支持，使他易接受这个改变。也可以请组员接下来与移动沙具的组员对话。常见讨论内容可涉及：（1）摆放沙具的意图；（2）对他人所摆放的沙具感受；（3）对作品的整体构思；（4）个人及团体作品的主题等 2.作品拆除：即：将沙具清扫干净，归位，将沙箱内的沙子抹平。 领导者可以征求来访者的意见，如果组员都很愿意拆除，则所有组员一起拆除，如果有组员流露出不愿意拆除的意愿，可以等组员们离开后由领导者自己拆除。注意：在整个制作过程中，领导者要去专家化，采用非评判、非野蛮解读的方式，让团体动力自然呈现，领导者是一个见证者和陪伴者，同时还是引领者以及良好气氛的营造者

资料库：

【沙盘记录】

为了帮助组员进行回忆与整理，领导者或观察员要做好记录（用专门的记录表），记录的内容包括每个组员的制作情况，摆放沙具的个数、名称、摆放的位置；如果动沙子，则要记录沙子前后的变化等，每一轮使用的时间及摆放沙具时的情绪，尤其是摆放过程中的异常情况都要一一详细记录下来。并在每一轮次结束后，给沙盘作品照一张照片，以方便后续的整理与讨论。

表 2-1　团体沙盘制作过程记录表

时间：XX 年 XX 月 XX 日 XX 时			共用时：XX 小时			记录人：XXX
组　员	第 1 轮 沙具或动作	第 2 轮 沙具或动作	第 3 轮 沙具或动作	第 4 轮 沙具或动作	第 5 轮 沙具或动作	每人合计沙具数 （个）

表 2-2　团体沙盘讨论过程记录表

团体主题：						记录人：XXX
组　员	第 1 轮 讨论内容	第 2 轮 讨论内容	第 3 轮 讨论内容	第 4 轮 讨论内容	第 5 轮 讨论内容	个人主题

五、专题 5

思故乡，念亲人，送祝福——中秋节前服刑人员团体心理辅导

（一）前　言

中秋佳节，对于服刑人员来说是一个非常特殊的节日，合家团圆对于他们来说是可望不可即的美好愿望。一方面，他们远离家乡亲人，尽管为人父（母），为人夫（妻），为人子（女），服刑生活使他们的家庭角色很难实现，无力感、愧疚感油然而生；另一方面，多年的服刑生活，使他们感觉到家仿佛只是一个遥远的概念，陌生感、孤独感在节日来临前会增强，容易出现抑郁、低落的心情。在这些消极情绪出现的时候，通过组织情绪波动较大的服刑人员参加节前团体辅导活动，在活动中使他们充分地表达自己的情绪，寻找属于自己的社会支持，顺利平稳地度过心理脆弱敏感期。

（二）理论背景

本案例的设计理论基础是人本主义、社会学习和绘画治疗，人本主义认为人的本性是倾向于创造性、建设性的，在一个接纳性的团体中，领导者给服刑人员以真诚的态度、以尊重为基础的无条件积极关注，并在团体活动中对服刑人员流露与表达出的情绪、言语、行为给予同感理解，这将极大地促进服刑人员在团体中表现出在日常改造中不一样的一面，即积极性、建设性的部分，同时，团体作为一种社会缩影，无时无刻不在进行着社会学习、观察学习，团体中示范作用的存在，更会使得这些积极的行为被鼓励与模仿，以促进服刑人员固化人格的松动，引发改变的可能。另外，作为表达性艺术治疗之一的绘画治疗，因为其跨文化、通俗易懂等特点，在服刑人员的团体心理辅导中常常被采用。

（三）方案设计及实施

1. 团体设置

（1）目标：通过活动，使服刑人员能通过有效途径表达思乡念家的情绪，舒缓他们在佳节临近时的抑郁、低落心情。使他们能认识到家人和朋友的关爱，并使他们在活动中获得一定的社会支持，在彼此的鼓励中去积极面对改造生活。

（2）时间：团体进行一次，约 120 分钟。

（3）对象：中秋节前情绪波动较大的服刑人员 40 人。

（4）地点：监狱心理健康指导中心团辅活动室。

（5）团体领导者：心理健康指导中心咨询师一名，观察员两名。

2. 总体方案设计

活动主题	活动目标	活动流程
思故乡， 念亲人， 送祝福	通过活动，使服刑人员能通过有效途径表达思乡念家的情绪，舒缓他们在佳节临近时的抑郁、低落心情。使他们能认识到家人和朋友的关爱，并使他们在活动中获得一定的社会支持，在彼此的鼓励中去积极面对改造生活	1. 领导者自我介绍、团体简介 2. 主题活动： （1）分享曾经的中秋幸福 （2）我的特殊的中秋节 （3）我的幸福账本 （4）送出我的祝福 （5）遥想未来

3. 具体实施

目的：对团体做简单介绍后解答团体成员对活动的一些疑虑，使所有团体成员对活动的目的性有比较一致的认识 时间：约 10 分钟	**简介活动目的、目标** 准备：背景音乐：《但愿人长久》 操作：领导者和观察员做简单自我介绍。领导者向团体成员表示欢迎并说明团体活动的目的和意义，以及团体活动的形式和最终预期的结果 引导语：中秋佳节即将到来，在这个特殊的时刻，我们思念故乡，想念家人朋友，身在高墙之内，我们无法与亲人一起赏月，分享团圆的美酒，但是，我们可以在这次活动中去共同分享曾经我们与家人在一起的点点滴滴的幸福和快乐，可以共同来分享家人和朋友现在给予我们的无私的关爱。特殊的人生经历，让大家失去了许多，失去了和家人团聚的时光，失去了看着自己孩子一天天长大的机会，但是也让大家更加懂得去珍惜生活，相信，在以后的生活中，更会珍惜这平凡的幸福，珍惜和家人团聚的分分秒秒。虽然我们不能陪伴在亲人的身边，但是，我们可以把我们的祝福送给远方的亲人，相信虽然远隔千山万水，他们一定会感受到我们那份深深的祝福的

续表

目的：引导组员感受生活中处处都有幸福，幸福是淡淡的一杯水，曾经的幸福会永远留在我们的心中 时间：约 20 分钟	**主题活动（1）：分享曾经的中秋幸福** 准备：背景音乐：《月亮船》 操作：领导者引导组员共同回忆自己在入狱前最难忘的中秋经历，分享与家人共同团聚时候的点滴幸福，寻找久违的家的温暖和关爱。组员还可以和大家分享各地的中秋风俗
目的：通过分享入监后的心理历程，使组员懂得当你不再拥有曾经的幸福时，才会感到它的珍贵 时间：约 30 分钟	**主题活动（2）：我的特殊的中秋节** 准备：背景音乐：《但愿人长久》纯音乐版 操作：引导组员讲述入狱后自己特殊的中秋节时的感受，比较几年来自己心情的变化，分析变化的原因。领悟失去自由后，其实得到了更多的家人关爱，只要用心去感受，无时无刻不被浓浓的亲情所包围，家人的守望是大家前行的动力。最后，分享中秋月饼图片，传递节日的问候
目的：通过让组员梳理自己的幸福感受，让他们能较清晰感受到虽然不在亲人身边，但是他们却拥有同样的幸福 时间：约 20 分钟 准备材料：彩色卡纸剪成的幸福账本	**主题活动（3）：我的幸福账本** 准备：背景音乐：《但愿人长久》纯音乐版 操作：发给组员每人一张幸福账本，上面是空白的，大家可以根据自己的幸福感画出幸福之星，最多可以画出十颗，还可以涂上不同的颜色，代表不同的亲情、友情、爱情。与组员共同分享自己的幸福指数
目的：通过制作心愿卡，表达对亲人的思念，进一步舒缓思乡之情 时间：约 20 分钟 准备材料：彩色卡纸剪成的心愿卡	**主题活动（4）：送出我的祝福** 准备：背景音乐：《月亮》 操作：发给每位组员用彩色卡纸剪好彩色心愿卡，大家可以写出或者画出对家人的祝福，共同分享这份特殊的祝福。卡片可以自己保留，也可以寄给家人
目的：引导组员怀着感恩的心去感受身边的幸福，在家人的守望中努力前行 时间：约 20 分钟	**主题活动（5）：遥想未来** 准备：背景音乐：《月亮代表我的心》 操作：领导者、观察员和全体组员手拉手，共同分享歌曲，体会团队的温暖。遥想未来，说出自己的目标与愿望，活动在温暖的氛围中结束

六、专题6

生命，在我手中——服刑人员危机干预团体心理辅导

（一）前　言

危机事件回放：某年春节（大年三十晚上），某监区一服刑人员在楼层大厅观看春节联欢晚会时突发疾病晕倒，后虽及时送至医院但抢救无效死亡。事件发生后监区部分服刑人员出现恐惧、猜疑、失眠、无助等不良情绪。

在监狱中，个别服刑人员因身体状况不良，会发生突发性疾病昏倒在监舍或者劳动现场，甚至狱内正常死亡的事件。事件发生后，会对事件经历者的其他服刑人员产生较大的心理冲击，因为同样身在囹圄，同改的离世会让一些服刑人员产生心理危机反应。心理危机是个体面对危机事件时产生的一系列身心反应。主要表现在生理上、情绪上、认知行为上的改变。具体来说会出现噩梦、失眠、心慌、呼吸困难等躯体症状；焦虑、恐惧、无助、烦躁、恐惧等情绪；认知出现注意力狭窄、健忘、效能低、高警觉等情况，并出现退缩、沉溺某种行为、自责、埋怨等行为。心理危机期一般经历冲击期、防御期、解决期、成长期。冲击期出现震惊、恐慌、不知所措的状态；在防御期出现否认、合理化、攻击、退行行为；在解决期逐步接受现实、寻求帮助、焦虑减轻、自信增强、社会功能恢复；在成长期度过危机的人员获得了应对危机的技巧，没有度过危机的人员则开始出现各种心理障碍。危机，也就是危险和机遇并存，面对这样的公共心理危机事件的发生，把握时机进行团体心理辅导可以将危险化解，在危机事件中寻找到成长的机遇。

（二）理论背景

由于破坏性的境遇具有引起多种精神障碍的潜在可能，因此早期心理干预是必需的。为了防止心理障碍和精神疾病的出现，必须对遭受创伤性应激的人群在第一时间进行危机干预（crisis intervention）。

1. 危机干预目标

（1）协助当事人度过危机的混乱状况。

（2）降低身心反应的影响程度。

（3）恢复到危机前的功能与现实状况。

（4）减少创伤后应激障碍（post-trauma stress disorder，PTSD）的出现；增加当事人成长的可能性，学到新的应对技巧，增加生活选择，重整人生观和价

值观。

2. 危机干预的要素及技巧

（1）六要素

①安身（保证生存需求）。

②安心（给予掌控感、建立秩序、保密）。

③宣泄（有机会让当事人表达出创伤性经历）。

④理解（有效倾听、不建议、不评判）。

⑤应对（可能的现实问题）。

⑥计划（未来打算）。

（2）五大技巧

①帮助解决现实问题：给予当事人像母亲一样最原始的照顾，如，提供衣食住行、找回财产、与亲人取得联系等。

②有效倾听：不评判、不讲大道理，同时进行言语与非言语的倾听。

③陪伴：点头、目光接触、在当事人能接受的范围内进行身体接触、提供柔软的玩具等。

④无条件接纳当事人的一切身心反应。

⑤教授放松技巧，如：深呼吸、按摩、静坐等。

3. 突发事件应激会谈（CISD）

CISD（Critical Incident Stress Debriefing），作为一种简单易行的支持性团体心理治疗手段，是一种针对危机事件的集体减压法，是一种系统的、通过结构性会谈的方式来减轻压力的方法。它通过让危机事件的当事人公开讨论内心感受，提供支持和安慰，发掘资源，帮助当事人在心理上、认知上和感情上消化创伤体验。实践表明，CISD是一种非常有效的心理干预方式。需要注意的是：经历创伤事件后24—48小时之间是理想的干预时间，6周后效果甚微；整个过程需2—3小时（一个单元时间）。严重事件后数周内进行随访。

表2–3　突发事件应激会谈（CISD）六阶段

阶　段	目　的	内　容	要　点
1. 导入期	建立基本规则，特别强调保密性	领导者进行自我介绍，介绍CISD的规程与方法，仔细解释保密问题	1. 领导者的自我介绍要具体、简洁； 2. 会谈规则：保密、非评判

续表

阶　段	目　的	内　容	要　点
2.事实期	创伤当事人进行事实描述	请当事人描述在危机事件发生过程中，自己身在何处，当时的所见、所闻、所听和所为，每个人2—5分钟。领导者:“请你回忆一下当时看到了什么？听到了什么？采取了哪些行动？”当一个组员讲完了后，领导者:“谢谢你讲的这些”，“我知道你谈这些事情会很难过，谢谢你的分享”	1.只进行事件描述，不问Why、不涉及情绪； 2.此阶段当事人容易讲述情绪反应，领导者要提醒当事人在后面有机会谈到情绪问题。 3.当事人发言时，不做任何评判
3.感受期	识别和讨论当事人的情绪，以确认其有无急性应激反应，为后期的创伤愈合做准备	请组员讲述自己的感受。 领导者:“在危机事件中，你有哪些感受?”“你现在有哪些感受?”“以前你有过类似的感受吗?”	1.本阶段当事人可能会有很强烈的情绪； 2.领导者要处理好当事人的自责、内疚等感受
4.反应期	确定当事人急性应激反应的症状，并根据其反应的程度，筛选出高危机者	请组员描述自己在生理、情绪、认知和行为四个层面上的反应。 领导者:“事情发生以来，你体验到了哪些不同寻常的事情?”“自从危机发生后，你的生活发生了哪些变化?”“这些变化对于你的家庭、工作和生活造成了哪些影响或改变?”	避免把应激反应病理化，不要贴上疾病的标签
5.辅导期	给予相关知识，进行心理教育	领导者对创伤后应激反应的相关知识，如:应激反应综合征，如何自我识别症状，澄清一些错误的观念，并进行讲解应激反应的常态化，强调适应能力，讨论积极的创伤应对方式，给出减轻应激症状的策略	1.领导者要强调危机事件的正常反应； 2.领导者的语言要准确，有权威性； 3.要提醒可能会出现的并存问题，如借酒浇愁等行为
6.恢复期	为恢复正常生活做准备	1.与组员一起讨论危机之后的行动与计划； 2.澄清一些错误观念，回答问题，消除顾虑，提供支持与保证； 3.总结团体的整个会谈过程，强调团体组员的相互支持	1.重申共同反应； 2.对需要进一步咨询或治疗的人提供信息和服务； 3.强调可利用的资源

（三）方案设计及实施

1. 团体设置

（1）目标：通过活动，使服刑人员能正确面对所发生的危机事件，梳理自己当下的情绪状态，认识到生命的唯一，寻找到当下的资源，规划出自己的计划及目标，顺利度过心理危机期。

（2）方案设计要点：稳定情绪、提供支持、寻找资源、重树信心。

（3）时间：团体进行一次，大约 120 分钟。

（4）对象：受危机事件影响，出现一定心理危机的服刑人员 15 人。

（5）地点：监狱心理健康指导中心团辅活动室。

（6）团体领导者：心理健康指导中心咨询师一名，观察员两名。

2. 总体方案设计

活动主题	活动目标	活动流程
生命，在我手中	通过活动，使服刑人员能正确面对所发生的危机事件，梳理自己当下的情绪状态，认识到生命的唯一，寻找到当下的资源，规划出自己的计划及目标，顺利度过心理危机期	1. 领导者自我介绍、团体简介 2. 主题活动： （1）事件是这样的 （2）当时我在做什么？ （3）我现在的身体状况、情绪如何？ （4）生命的唯一 （5）我现在所拥有的 （6）我的五年后

3. 具体实施

目的：简单介绍组织团体辅导活动的目的，使所有团体组员都能对参与活动的目的性有比较一致的认识 时间：约 5 分钟	**简介活动目的、目标** 领导者向团体组员表示欢迎并说明此次团体活动的组建目的以及团体活动的形式和最终预期的结果。领导者和观察员做简单自我介绍
目的：对发生的事件进行正面的回应，消除组员因不了解事件的真实近况而产生的猜疑 时间：约 15 分钟	**主题活动（1）：事件是这样的** 操作：所有团队组员围成圆圈坐下，领导者对已发生的事件的最新情况进行正面的回应，消除组员的各种猜疑和流传的不真实的谣言。还原整个事件现在的发展状况。在领导者正面回应后，鼓励仍有疑问的组员说出心里的想法或者猜测，领导者进行解释

续表

目的：针对部分组员出现的对事件当时情景不可自控的闪回或者回避，在有支持的情境下，共同还原当时成员的状态及所做的行为 时间：约 20 分钟	**主题活动（2）：当时我在做什么？** 操作：领导者鼓励组员共同回忆事件发生时的情境，在有支持的、安全的环境中共同进行场景回放。回忆当时我在哪里，看到后自己的感受是什么？自己做了什么？效果怎么样？通过组员的共同回忆，多视角全方位地还原当时的情景以及个人在事件中的感受和角色。对积极参与救助或者帮忙的组员进行肯定，让他们感受到他们尽力了，心中并无遗憾或者愧疚
目的：让组员自己觉察事件发生后自己的身体、情绪是否发生了较大的改变，当下的状态如何。通过分享让他们明白一定的变化是正常范围内的 时间：约 20 分钟	**主题活动（3）我现在的身体状况、情绪如何？** 操作：领导者让组员自己觉察事件发生后几天来身体、情绪状况是否发生了一些改变，当下的情况如何？通过分享，让团员明白事件发生后，身体情绪发生一些变化是正常的反应，大家和我一样，而不是不正常的现象，消除焦虑的情绪
目的：通过危机事件，让组员感触到生命的唯一性，珍爱生命 时间：约 20 分钟	**主题活动（4）生命的唯一（生命教育）** 操作：领导者让组员分成四组感悟，讨论自己对于生命的认识。由每组选派一名代表与所有成员分享本组成员的感悟，组员可以补充自己的感悟。由分享达成共识：生命的唯一性，大家都应该珍爱生命，就算身陷囹圄，还有最宝贵的生命存在
目的：通过发掘自身所拥有的，让组员感受到自身的资源和社会支持 时间：约 20 分钟 准备材料：白纸，彩色笔	**主题活动（5）我现在所拥有的（当下的资源）** 操作：在刚才分为四组的基础上去讨论自己现在所拥有的，发掘自身所拥有的资源。并将所拥有的资源写在白纸上，形成共同的资源库。每组轮流分享自己所拥有的，并将写好的纸张贴出来
目的：让组员树立信心，有计划地去生活，去描绘充满希望的明天 时间：约 20 分钟	**主题活动（6）我的五年后（信心与计划）** 操作：在感悟生命的唯一性和发掘自身资源的基础上，每个团员订出自己的五年计划，畅想五年后自己的状况，分享，在充满希望的气氛中结束本次团体辅导活动

七、专题 7

我交往、我快乐——服刑人员人际交往团体心理辅导

（一）前　言

在咨询中，常常听到服刑人员这样的话：“监狱人和人之间没有友情。”“我身边没有一个好朋友，我感到很孤独。”“我不相信任何人，不想和同改交往。”“我就是被朋友骗了才进来的，我再也不相信朋友了。”一方面因为部分服刑人员成长环境和童年经历的复杂，很难与人建立起信任感；另一方面，漫长的服刑生活，服刑人员内心非常期望有良好的人际关系，能在友好温暖的环境中改造。所以服刑人员存在着内心孤独和期待温暖、渴望交往和害怕受伤之间的矛盾纠结。通过人际交往团体辅导活动，能够让服刑人员对自身、他人有较清晰的觉察，掌握一定的交往技能，并将活动中的技巧主动迁移到改造生活中去，真正感受到交往的快乐。

（二）理论背景

1. 人际关系理论

从早年母婴依恋的研究中，越来越多的心理学家达成一致：对于生存而言，依恋行为不仅是重要的，而且是与生俱来的，只有在过去与现在的人际关系中，才能真正地理解一个人。美国著名的心理学家威廉·詹姆斯曾说过：“人类不仅是需要同类相伴的群居性动物，而且我们具有希望被同伴关注、获得认同的天性。对一个人最大的惩罚，就是让他脱离社会，与人隔离，而不是躯体上的惩罚”[19]。另外许多研究也表明，单身、离异和丧偶者的死亡率明显高于普通人[20]。

由美国心理学家，新精神分析学派的代表人物之一——沙利文，提出的人际关系理论，特别强调心理治疗中的人际关系模型。他认为：人格的形成可以看作是个体与生命中的重要他人相互作用的产物，与他人建立密切关系的需求同其他生物性需求一样，是一种基本需求。在对不良人际关系的治疗中，他提出了“扭曲性移情”的概念，即：当个体与他人产生人际关系时，常常不是以他人的现实属性作为基础，而主要源自与早期人际互动的体验，是基于内在自我图示的自我预言的验证过程[1]。纵观人际关系理论，可以用一句话来总结，即：“心理疾病来自于扭曲的人际关系。”

2. 需要层次理论

马斯洛的需要层次理论，是迄今为止被公认的最完整、最系统、最具有影响力的动机理论。马斯洛指出，人的动机是由不同层次的需要组成的，由低到高依次为：生理需要、安全需要、归属与爱的需要、尊重与爱的需要、自我实现的需要。其中前三种是低级需要，后三种是高级需要，高级需要的出现是以低级需要的被满足为前提的。当个体的基本生理需要和安全需要得到满足或大部分满足时，爱和归属的需要便成为他最关心并企求满足的内容，希望他人或群体所接纳、所喜爱并努力地爱他人。反之，一个人若经常不被他人或群体需要、接纳、喜欢，则会感到空虚、寂寞、孤独、受挫折，甚至觉得失去自身存在的价值，容易产生各种身心困扰或疾病。

（三）方案设计及实施

1. 团体设置

（1）目标：通过六次团体活动，使组员正确认识自我接纳他人的不同，提升人际交往的能力和技巧，从交往中获得社会支持和快乐。

（2）时间：本团体进行六次，每周一次，每次大约 90 分钟。

（3）对象：经团体招募，自愿参加活动，想提升自身人际交往能力的服刑人员 20 名。

（4）地点：监狱心理健康指导中心团辅活动室。

（5）团体领导者：心理健康指导中心咨询师一名，观察员两名。

2. 总体方案设计

单元主题	活动目标	活动流程
第一次 认识你真好	1. 团体组员之间初步相识； 2. 明确团队目标，建立凝聚力和信任感； 3. 讨论制定团体契约	1. 团队说明及自我介绍 2. 热身活动：无家可归 3. 主题活动： （1）寻找我的好朋友 （2）许下我的心愿 （3）讨论制定团体规范 （4）发放心愿卡 （5）家庭作业

续表

单元主题	活动目标	活动流程
第二次 认识我自己	1. 引发团体组员参加团体的兴趣，进一步增强团体信任感； 2. 引导团体组员认识自我，包括优点、缺点，以及自己的过去、现在与未来，对自己有较为客观的认识和评价	1. 热身活动： （1）回首第一次活动 （2）信任圈 2. 主题活动： （1）说说我的经历 （2）优点大轰炸 （3）正视我的缺点 （4）家庭作业
第三次 发现你我的不同，接纳自己和他人	1. 引导组员了解自身价值观并比较与他人价值观的差异； 2. 认识到每个人之间是有差异的，有时的矛盾是并没有真正理解而造成的误会； 3. 学习换位思考，体谅对方的心境，做到相互理解	1. 热身活动：解开千千结 2. 主题活动： （1）说说我的经历 （2）价值大拍卖 （3）感受你我的心情 （4）家庭作业
第四次 发现他人优点，增强信任感	1. 增强团队的合作意识； 2. 加强组员之间的沟通，发现他人的优点并欣赏他人，接纳自己不太喜欢的人的缺点； 3. 明白人与人之间需要加强合作，首先要做到信任他人	1. 热身活动：同舟共济永向前 2. 主题活动： （1）重新发现他人的优点 （2）红灯亮、绿灯亮 （3）家庭作业
第五次 帮助与感谢 合理拒绝	1. 增强组员相互之间的信任意识； 2. 训练组员大胆说出需要别人的帮助，并懂得如何去感谢他人； 3. 学会合理拒绝对方的方法和技巧，启发总结人际交往的原则和技巧	1. 热身活动： （1）说出我的祝福 （2）信任之旅 2. 主题活动： （1）情景游戏请你帮助我 （2）真诚地说声谢谢你 （3）学会拒绝 （4）家庭作业
第六次 学会道歉 和谐相处	1. 学会用合理的方式批评和接受批评；学会道歉和如何化解冲突； 2. 对团体活动进行回顾、总结出交往原则，鼓励团体组员将在团体中学到的知识应用于实际生活中，对自己的生活有所帮助； 3. 处理离别情绪，结束团体活动	1. 热身活动：对不起，我错了 2. 主题活动： （1）真心说句对不起 （2）人际交往技巧 （3）说说我们的变化 （4）缘聚缘散

3. 具体实施

【单元一：认识你真好】

目标：初步相识，建立凝聚力和信任感，制定团体契约。

内容与流程：

目的：引发团体组员参加团体的兴趣，团体领导者与团体成员之间初步认识 时间：约 10 分钟	**1. 团队说明及领导者和观察员自我介绍（10 分钟）** 准备：背景音乐《相逢是首歌》 操作：向团体组员表示欢迎并说明团体活动的目的和意义，以及团体活动的形式和最终预期的结果。在团体活动开始前，澄清团体成员对团体可能过高的期望。有的组员对此团体活动可能期望很高，想在这里找到人生所有的答案，但因为活动时间有限，在整个活动中所探讨的问题只是一部分，所以到活动结束的时候，组员心里可能还是存在一些疑惑，但希望活动能带给成员一些启示。 领导者和观察员做简单自我介绍，对团体做一简单介绍后解答团体成员一些简单的对团体的疑虑，使所有团体组员都能对团体的目的性有比较一致的认识
目的：让团体组员尽快融入团队，减少陌生感，增强团队凝聚力 时间：约 10 分钟	**热身活动：无家可归** 操作：开始时让全体成员围圈手拉手，充分体会大家在一起的感觉，然后，领导者说："变变变，变成 6 个人一组"，成员必须按照要求重新组成六人组，形成新的家，或者再说别的数字，成员按规定数字再组成新的家……请那些没有找到家的人说说在团体之外的感受，也可以请团体组员分享和大家在一起的感觉，领导者可以多次变换人数，让组员有机会去改变自己的行为，积极融入团体
目的：学会在陌生环境中介绍自己和认识别人的技巧 时间：约 30 分钟 准备材料： 用彩色卡纸剪好的各种图形，彩色心愿卡，白纸，双面胶	**主题活动（1）：寻找我的好朋友** 操作：领导者拿出事先准备好的同一颜色的彩色卡纸剪成的各种图形，请团体组员随机抽取其中一个，然后根据自己的颜色及图形去寻找和自己相同的另外的成员。找到后把匹配的图案贴到一张白纸上，组成完整图形，并写下各自的名字。然后自由交谈十分钟，向好友介绍自己的性格特点等情况。介绍完后把白纸贴到墙上，使团体中每个人都能初步相识。之后，全体成员围圈坐下，每一组轮流向大家介绍对方，自己也可补充介绍自己的情况。组员之间通过互相反馈，可以建立信任关系，消除陌生感

续表

目的：明确个人在团体辅导的目的，分享初次参加活动的感受 时间：约 20 分钟 准备材料：彩色卡纸剪好的愿望树	**主题活动（2）：许下我的心愿** 操作：全体组员围坐成圆，每个组员依次站到圆的中央，大声说出自己的名字并说出自己初次参加团体的感受，说出希望在团体中实现的愿望。说完后在愿望树（用一张大的彩色卡纸剪好）上写下自己的愿望及名字，到团体活动结束时再拿出对照，看看自己的愿望是否达到
目的：共同讨论达成团体规范 时间：约 5 分钟	**主题活动（3）：讨论制定团体规范** 操作：全体组员共同讨论并制定团体规范。规则包括：1. 准时参加活动；2. 保密原则；3. 相互之间不准攻击；4. 不准拉帮结派；5. 平等原则（人格、情感等方面的平等）6. 互相尊重，坦率真诚；7. 主动参与、积极发言；8. 按要求完成家庭作业；9. 保持环境卫生，不破坏设施等。最后用彩笔把团体规范写在大白纸上。团体契约建立后请每一位成员在写有契约的大白纸上签下自己的名字。（注：此后每次团体活动时都将契约挂于活动室内，可强化组员对契约的重视）
目的：增强团队凝聚力，并更进一步清晰个体在团队中的目标 时间：约 10 分钟	**主题活动（4）：发放心愿卡** 操作：领导者发给全体组员每人一个彩色心形卡，希望大家能用心参与我们的团体活动，并实现自己的心愿
目的：活动延伸，梳理自己的人际交往情况 时间：约 5 分钟	**主题活动（5）：家庭作业** 操作：布置每位组员回去以后认真思考自己有多少好朋友，他们对你有过什么帮助，与朋友相处时你最难忘的是什么事情？

【单元二：认识我自己】

目标：进一步增强团体信任感，引导团体成员认识自我。

内容与流程：

目的：初步形成团队融洽感 时间：约5分钟	**热身活动：（1）团队融入：回首第一次活动** 操作：领导者与组员共同回顾上次活动的内容，启发组员谈谈参加活动后几天来的感受，并欢迎大家按时参加第二次团体活动
目的：形成团队默契感，消除陌生感 时间：约10分钟	**热身活动（2）：游戏信任圈** 操作：让组员自由结合成两组，每组围圈，邀请一位成员到中间，其他成员手拉手围圈。游戏开始时，圈内人闭上眼睛，自觉舒服地倒向任何一方，其他成员必须手挽手，形成保护圈给予保护，并将他推到中间的位置，不能让圈内人摔倒。如此倒下、接住。使中间的成员从游戏中体验游戏中从紧张到很放松的心理变化过程。组员可以轮流换人到圈内去体验。通过活动增进团队合作精神，进一步建立信任感，活跃团体气氛
目的：分享不同的人生经历，感受不同的人生 时间：约25分钟	**主题活动（1）：说说我的经历** 操作：每个人都有不同的人生经历，鼓励组员回顾自己的人生历程，什么阶段是自己非常愉快的，令人难忘的。可以说说生活中对自己影响比较大的事件，也可以说说自己现在的人生感悟和今后的打算。 鼓励大家，生活中可能有很多的坎坷，要从中清醒地认识自己，从哪里跌倒就要从哪里爬起来。特殊的服刑生活，让我们也懂得了珍惜，懂得了感恩，相信会坚强面对明天的
目的：从自身和他人的角度去发现自身的优点 时间：大约30分钟	**主题活动（2）：优点大轰炸** 操作： 1.发现自己的优点 鼓励每名组员充分分析自己的性格特点，并说出两点自己最显著的优点。说完时其他成员要鼓掌，表示鼓励。讨论：其实在每个人的身上都会有优点的，要充分认识自己的优点，自己并不是一个一无是处的人。 2.我的优点大家说 全体组员围圈坐，请一位组员站在团体中央，接受组员的赞美，需要注意的是：（1）大家必须说其优点，必须是正面积极的；（2）夸别人的优点时态度要真诚，不能毫无根据的吹捧，这样反而会伤害别人；（3）被赞美者要注意体验被人称赞时的感受如何，并说出这些优点那些是自己没有察觉到的；（4）接受赞美后要表达谢意。 3.讨论： （1）接受别人的赞美时，你是不是感到有点不自在？如果是的话，为什么？（可能的原因：接受别人的赞美，对于你来说可能会是一种新的尝试，有点不习惯。） （2）怎样才能使我们更轻松地接受他人的赞美？（比如：学会微笑地接受别人的赞美，然后考虑它的可靠性，让自己感觉良好地接受赞美）

续表

目的：主动觉察自身的缺点和不足 时间：约 15 分钟 准备材料：纸片和笔	**主题活动（3）：正视我的缺点** 领导者引导语：每个人都有自己宝贵的优点，它能使我们朝成功更进一步，但是人无完人，每个人都会有自己很难克服的缺点，你有什么样的缺点，它影响你的生活吗？ 引导每个人写出或想出自己的缺点，以及因为缺点自己受到的影响，站在团体中间大声读出自己的缺点，并且大声说，从现在开始我决心丢掉我的缺点，使我自己更进步，然后把写有缺点的纸张撕碎丢到准备好的纸盒里。全体组员为其鼓掌
目的：活动延伸，梳理自己的交往情况 时间：约 5 分钟	**主题活动（4）：家庭作业** 操作：团体成员回去后梳理自己的好朋友有哪些？他们在什么时间帮助过自己？自己是怎样看待好友的？

【单元三：发现你我的不同，接纳自己和他人】

目标：认识自己与他人有不同的价值观，学习换位思考，增加相互理解。

内容与流程：

目的：增强团队凝聚力，团队的协作精神 时间：约 20 分钟	**热身活动：解开千千结** 操作：领导者让组内组员手拉手成为一个圈，看清楚自己的左手和右手是谁，确认后松手，在圈内自由走动，领导者叫停，成员定格，位置不动，伸手相互拉左手和右手，从而组成许多结或扣，不能松手，但可以钻、跨、绕，要求组员设法解决难题，恢复到起始状态。练习需要组员有耐心，互相配合，齐心协力。当排除困难、解决问题时，或不能解决时，请成员分享活动的感受。引导组员主动谈出对团体互助等感受，体会和确认团体合作的重要，并明白有些心结是永远也解不开的，有效的办法就是放手

续表

目的：了解到自身与他人价值观的不同，觉察到自己与他人的差异 时间：约 30 分钟 准备材料：价值拍卖竞拍表和代金券	**主题活动（1）：价值大拍卖** 操作：领导者宣布游戏规则：每个成员手中有 5000 元（道具钱），它代表了一个人一生的时间和精力。每个人可以根据自己对人生的理解和自己的需要竞买下表中的东西。每样东西都有底价，每次出价都以 500 元为单位，价高者得到东西，有出价 5000 元的，立即成交。 领导者请组员认真思考后，开始举行拍卖会。由领导者或观察员主持拍卖。按游戏方式进行，直到所有的东西都拍卖完为止。然后请组员认真思考进行讨论交流： （1）你是否后悔你买到的东西？为什么？ （2）在拍卖的过程中，你的心情如何？ （3）有没有组员什么都没有买？为什么不买？ （4）你是否后悔自己刚才争取的东西太少？ （5）争取过来的东西是否是你最想要的？ （6）钱是否一定会带来快乐？ 为什么大家希望买到的并不一样呢？引导得出结论：人和人所关注的并不相同，要学会接纳这种差异，不能用自己的观点去要求所有的人
目的：感受你我情绪表达的不同 时间：30 分钟	**主题活动（2）：感受你我的心情** 操作：团体组员两人一组，一人自由做动作，另一个人模仿，互相轮流模仿两分钟后互换角色，不可说话，用心体会对方用意。结束后互相交流，看看自己对他人的理解是否准确。 全体围成一个圆形，然后闭上眼睛回忆一下这一周内生活的感受，是疲乏、兴奋，还是焦虑、烦闷。然后每人用手势和表情，体态语言表达出自己内心的感受，让其他成员猜猜动作及表情所反应的感受是什么。被猜者说明他人的猜测是否准确，为什么？ 活动结束后，让组员交流在生活中如何应用各种感受，学会从他人的手势、表情、眼神、动作等非语言的沟通方式去理解他人，训练自己敏锐的观察他人的能力
目的：活动延伸，尝试换个角度看问题 时间：约 10 分钟	**主题活动（3）：家庭作业** 操作：回去后梳理自己和他人近期发生的不愉快，站在另一个角度再看看这件事，你是怎么想的，现在这样想，你还是这么生气吗？

【单元四：发现他人优点，增强信任感】

目标：增强团队的合作意识，加强组员之间的沟通与信任。

内容与流程：

目的：增强团队的合作意识及凝聚力 时间：约 20 分钟 准备材料：报纸两大张	**热身活动：同舟共济永向前（20 分钟）** 准备：每组 6 人，发给一张大报纸，作为大海中的一条船 操作：领导者宣布游戏规则：游戏开始时，领导者将图纸铺在地上，代表汪洋大海中的一条船，现在，需要团体组员 6 人同时站在船上，一个也不能少，必须同生死共命运。随后让组员想方设法，使全体组员同时登上船。行动之前团体可以充分讨论，拿出最佳方案。考虑方案有人拉人、人背人、叠罗汉等各种方法，以体现团体的合作。当成功完成任务后，领导者可要求面积减半，继续游戏。完成后可继续将面积减半，随着难度增加，成员的努力也会越来越加强，团体的凝聚力得以提高 讨论：面对困难，团体的力量是巨大的，只有团结起来，才能同心协力克服困难，渡过难关。其实朋友就是人生的旅途中与你同舟共济的人
目的：发掘他人的优点，正视他人的缺点，全面客观地看待他人 时间：约 40 分钟 准备材料：白纸若干	**主题活动（1）：重新发现他人的优点** 操作： （1）领导者引导组员思考，自己的好朋友有什么优点？这些优点是不是你们成为好朋友的重要原因呢？引导组员将白纸对折，在一半的白纸上画出朋友的优点来，有几个优点就画几个圈； （2）领导者引导组员再次思考，生活中我们会有自己很不喜欢的人，我们一般很不愿意和他（她）交往，仔细想一想，他们有没有优点呢？我们是不是把自己的注意力都集中在他们的缺点上，才会感到越看越不顺眼呢？引导组员在白纸的另一半画出不喜欢的人的优点来，有几个优点就画几个圈； （3）团体成员自己梳理后轮流说出自己对最不喜欢的人的新认识，说出他的优点。 总结：人无完人，不能太苛刻地要求对方，每个人都有自己的优点和缺点。交往中我们要善于发现别人的优点，做一个懂得欣赏别人的人，防止晕环效应的产生（好人越好，坏人越坏）

续表

目的：增强团队的合作意识，认识到在团队中要会协作才可能做好事情 时间：25 分钟 准备材料：红灯绿灯卡片	**主题活动（2）红灯亮，绿灯亮** 操作：领导者拿出 8 张硬纸片，纸片上分别上用红笔写上“红灯”二字的四张，用绿笔写上“绿灯”两字的四张 领导者进行分组，将成员分成四小组，再各小组自由组合成两大组，同一大组的两个小组面对面坐好，每个小组有一张“红灯”纸片和一张“绿灯”纸片。 宣布规则：这是一项比赛，分数最高的一大组和一小组获胜。当领导者宣布开始时，两个小组同时亮出红灯或绿灯纸片。记分规则如下： a. 两个小组同亮红色，则各得 2 分； b. 一个亮红色一个亮绿色，则亮红色者得 0 分，亮绿色者得 3 分； c. 两个小组同亮绿色，则各得一分。 活动开始，领导者记分，不但记下各小组的得分，而且记下两个大组的得分（即大组内两个小组的得分总和）。活动过程中，小组内部成员可以商量，但小组间不得进行商量。活动共进行 10 轮，决出小组最高分和大组最高分。 10 轮比赛结束后，公布比赛结果并讨论： a. 假如你所在的小组获得最高分，你们采取的是什么策略？ b. 假如你所在的大组获得最高分，你们是怎样进行合作的？ c. 假如你所在的小组获得最低分，你们认为是什么原因造成的？ d. 你对合作组的策略有何看法？ 领导者、组员分享这次团体活动给自己的感受：其实我们每个人在生活中都是被有意无意地分成组的，要想独立存在是不可能的，要学会在团队中与别人相处，协作
目的：活动延伸，觉察自我在交往过程中的困惑 时间：约 5 分钟	**主题活动（3）：家庭作业** 回去后思考，在人际交往过程中，你最困惑的是什么？

【单元五：帮助、感谢与合理拒绝】

目标：增进组员之间的信任，学会求助与拒绝的表达，以及人际交往知识。

内容与流程：

目的：增强团队信任感 时间：约10分钟	**热身活动（1）：说出我的祝福：** 操作：领导者给每位组员发一张小卡片，要组员写下或者画出对朋友的祝福，要求真诚，认真完成
目的：体验信任是双方的 时间：约20分钟	**热身活动（2）：游戏信任之旅** 规则：团体组员两人一组，一位做盲人（用眼罩将眼睛蒙住），另一位做帮助盲人的人。盲人蒙上眼睛后，原地转三圈，暂时失去方向感，然后在帮助人的语言指挥下，沿着指定路线走完全程，并寻找到祝福小卡片。两人轮流作盲人和帮助盲人的人。体验帮助与被帮助的感受。 讨论：助人和受助时的不同感受，当在他人帮助下安全完成任务时有何感受？通过活动，对你有什么启发？ 总结：信任是需要双方的努力；寻求他人帮助时要先信任他人
目的：组员大胆说出需要别人的帮助 时间：约20分钟	**主题活动（1）：情景游戏：请你帮助我** 让组员想一想：如果自己遇到了某个自己无法克服的困难，需要别人的帮助，你会请团体中谁来帮助你？你将怎样请他帮助你？你打算对他怎样说？请每个成员依次走到想寻求帮助的成员面前向他表达请求帮助的愿望。然后让被请帮助的成员分享感受：他这种方式请求你的帮助你会帮他吗？你心里的感受是什么？最后引导成员总结请人帮助时要注意的事项如：要申明理由、表示感谢等
目的：体会心怀感恩，宽容对人。表达出对他人的感谢 时间：15分钟	**主题活动（2）：真诚地说声谢谢你** 分享故事：朋友的巴掌与帮助 有两个人在沙漠中行走，他们是很要好的朋友，在途中不知道什么原因，他们吵了一架，其中一个人打了另一个人一巴掌。那个人很伤心很伤心，于是他就在沙里写道："今天我朋友打了我一巴掌。"写完后，他们继续行走。他们来到一块沼泽地里，那个人不小心踩到沼泽里面，另一个人不惜一切拼了命地去救他，最后那个人得救了，他很高兴很高兴，于是拿了一块石头，在上面写道："今天我朋友救了我一命。"朋友一头雾水，奇怪地问："为什么我打了你一巴掌，你把它写在沙里，而我救了你一命，你却把它刻在石头上呢？"那个人笑了笑，回答道："当别人对我有误会，或者有什么对我不好的事，就应该把它记在最容易遗忘、最容易消失不见的地方，由风负责把它抹掉，而当朋友有恩于我，或者对我很好的话，就应该把它记在最不容易消失的地方，尽管风吹雨打也忘不了。"总结感受：要心怀感恩，对人宽容，对自己有过帮助的人都要去感谢。 请大家闭上眼睛想一想，曾经给过自己帮助的朋友。走到圆圈中心，假设面前就是你的朋友，对他们表示感谢。最后请成员分享感谢别人和接受别人感谢时的感受，并总结怎样对别人表示感谢（感谢宜公开表达，批评宜私下进行）

续表

目的：交往中在考虑别人情况下根据自己的实际情况，学会拒绝 时间：约 20 分钟	**主题活动（3）：学会拒绝** 操作：领导者将所有组员分成两大组（A 组和 B 组），分组时强调自愿原则，将纸片 A、B 分别发给两组 A 组：亲爱的伙伴，好东西要和好朋友分享！请你们用这句话做借口，想尽办法让对方答应你们的请求。 B 组：亲爱的伙伴，不管对方用什么方法邀请，你们的心里实在不想答应，所以请你们用各种理由，各种方式，拒绝他们！告诉他们，不可以，因为…… 领导者说明规则：由一组组员先开始提出请求，力争做到诚心邀请；另一组成员皆可拒绝，但是要考虑拒绝时对方的心理感受，不要伤害对方。 组员讨论下列问题： a. 拒绝别人时，心情如何？（不好意思，高兴，或是有点冲突……） b. 拒绝别人时，你所说的理由如何？（合情、合理、合法吗？……） c. 被人拒绝时的心情如何？（生气、无所谓，或者……） d. 请求别人时你所说的理由如何？（合情、合理、合法吗？……） 生活中会有很多的邀请和拒绝，要体谅对方的实际情况，在表达自己真实意愿的情况下，要充分考虑对方的接受情况
目的：活动延伸，如何运用拒绝 时间：约 5 分钟	**主题活动（4）：家庭作业** 思考生活中你应该如何去帮助别人，遇到别人提出的要求，你无法做到时，应该采用哪种恰当的方式去拒绝呢？

【单元六：学会道歉、和谐相处】

目标：

1. 学会用合理的方式批评和接受批评；学会道歉和如何化解冲突。

2. 对团体活动进行回顾，总结出交往原则，鼓励团体成员将在团体中学到的知识应用于实际生活中，对自己的生活有所帮助。

3. 处理离别情绪，结束团体活动。

内容与流程：

目的：让组员学会真诚的道歉 时间：约 10 分钟	**热身活动：对不起，我错了（10 分钟）** 操作：组员相隔一臂站成几两排，领导者喊一时，向右转；喊二时，向左转；喊三时，向后转；喊四时，向前跨一步；喊五时，不动。当有人做错时，做错的人要走出队列、站到大家面前先鞠一躬，举起右手高声说："对不起，我错了！"做几个回合后，提问：这个游戏说明什么问题？ 总结：面对错误时，大多数情况是没人承认自己犯了错误；少数情况是有人认为自己错了，但没有勇气承认，因为很难克服心理障碍；极少数情况是有人站出来承认自己错了
目的：学会道歉的技巧 时间：约 30 分钟	**主题活动（1）：角色扮演：真心说句对不起** 操作：要求组员思考，想出自己的行为习惯和生活方式，然后再写出自己难以忍受的室友的一些生活习惯和行为方式。进行角色扮演，要求成员间互相扮演室友，互相提意见，而听了别人意见的人，不仅要学会接受，同时还要谈谈自己在听别人批评时的心理感受，让别人知道哪种方式是自己能够接受或乐意接受的，提意见者谈自己当时的感受。 依照刚才的程序，要求组员间扮演者之间互相道歉，道歉的人要想尽办法让对方原谅自己，而接受道歉的人要把自己的委屈发泄出来，同时考虑对方给出的理由是否能够接受，自己是否愿意原谅。 讨论： （1）采用什么样的批评方式更能让人接受？ （2）自己在听到别人的批评时的感受怎样？ （3）如何看待别人的批评和建议？ （4）自己误解朋友时如何道歉更能得到他的原谅？ （5）向自己道歉时，自己的感受是什么？ 回顾近期因自己误解同改或同改误解自己而引起矛盾的事件，你当时对这件事的感受和看法是什么？是怎样处理的？你现在的感受和看法怎样？
目的：分享讨论与人交往的技巧。 时间：约 20 分钟	**主题活动（2）：总结人际交往技巧** （1）人际交往中最重要的是什么？——真诚、尊重是人际交往的黄金法则 （2）是否只有能说会道、口若悬河的人才善于人际交往？——重要的不是你表达了多少，而在于你表达了什么，只要态度诚恳，用法适当 （3）主动，要主动交往，大胆沟通 （4）表达（赞美、感谢、负面情绪的控制等）

续表

目的：梳理参加团辅活动自己的收获和变化 时间：20分钟	**主题活动（3）：说说我们的变化** 操作：领导者邀请成员轮流发言，“这是我们最后一次团体活动，团体就要结束了，请你谈谈你对这个团体活动的感受，从中有哪些收获，你觉得我们的团体活动存在哪些不足？你最想对我们的团体说什么？离开团体后你打算怎样生活，怎样把团体中所获得的东西应用到日常生活中去……” 面对团体组员，说出自己今后的交往计划，或者是说出自己将如何与朋友交往。说出后，大家给予掌声鼓励
目的：团队结束，处理离别情绪 时间：约10分钟	**主题活动（4）：缘聚缘散** 使全体组员在一个充满温馨的情景中告别团体，走向今后的改造生活

八、专题8

回家的路——服刑人员出监团体心理辅导

（一）前　言

出监阶段的服刑人员，即将实现从“监狱人”到“社会人”的转变，他们要从思想、心理、行为上重新调整，做好再次融入社会的准备。出监阶段的服刑人员表现出较为明显的回归心理。主要有以下特点：（1）期待回归与焦虑共存。一方面他们渴望早日走出监狱的大门，获得自由，重新回归社会，期待新的生活的开始。另一方面，他们多数会考虑自己的就业安置、谋生问题及出狱后各种家庭及社会关系的处理问题，今后生活的未知性和不确定性，会引起他们的情绪波动，产生焦虑情绪。一些罪犯会产生心神不宁、易紧张着急、惶恐不安、害怕等情感体验。（2）愧疚与补偿并存的心理。一方面，由于长时间的服刑生活，使罪犯的社会角色部分丧失，他们在临近刑释时会觉得自己愧对于家人和朋友，自己给亲人带来了很大的负担和伤害，自己无法和没有足够的能力去弥补，产生愧疚的心理。另一方面，他们也会认为，服刑改造生活自己吃了很多苦，付出了很大的代价，刑释后一定要用各种办法挽回服刑给自己带来的损失。（3）过分自卑与自尊并存的心理。一方面，多数罪犯因为自己曾有过服刑改造的经历，害怕回归社会后别人会戴着有色眼镜看待自己，产生一定的自卑心理。另一方面，他们十分期待自己刑满释放后能够得到家人的谅解和社会的接纳，也希望被人尊重，而不被社会歧视。自卑与自尊并存的心理会使他们产生矛盾不安的情绪。

出监罪犯往往认为自己所具有的一些负面的情绪、观念"个别性"有"独特性"，这种心理往往会加重他们的自卑感、孤独感、恐惧感等一系列负面情绪，从而加重心理压力。如果我们将具有相同或类似问题的罪犯组成团队，可以充分发挥在团体中"和别人一样"的体验所带来的抚慰功能，能帮助他们树立克服困难的自信心，增强调整出监前状态的积极性，为出监做好充分的心理准备。

（二）理论背景

1. 积极心理学

积极心理学是20世纪末西方心理学界兴起的一股新的研究思潮。这股思潮的创始人是美国当代著名的心理学家马丁·塞里格曼、谢尔顿和劳拉·金。积极心理学主张研究人类积极的品质，充分挖掘人固有的、潜在的具有建设性的力量，促进个人和社会的发展，使人类走向幸福，其矛头直指过去传统的"消极心理学"。在过去，"消极心理学"一直占在主流位置，塞里格曼曾注意到在对人类情绪的研究中，就有约95%的研究是关于抑郁、焦虑、偏见等负性情绪的研究。在对精神疾病的了解和疗法取得巨大进步的同时，心理学却忘记了它的另外两项使命，逐渐成为一门受害者科学。注意到这种现象，积极心理学认为：心理治疗不仅仅是对损伤、缺陷的修复和弥补，也是对人类自身所拥有的潜能、力量的发掘；心理学不仅仅是关于疾病或健康的科学，它也是关于工作、教育、爱、成长和娱乐的科学。

2. 埃里克森的心理发展观

由精神分析学家埃里克森（Erik Erikson，1902—1994）提出，他将人生的变化发展分为八个阶段，强调个体与他人的社会交互作用，个体在每个阶段都要应对和解决一种危机或冲突。一方面，如果本阶段的人生危机不能得以解决，将会对个体产生负性影响；另一方面，如果上一阶段的危机不能成功解决，将会影响到个体下一阶段的发展。对于服刑人员而言，"出监"成为其特殊的一段生命历程，在刑满出狱的档口，如何适应新环境的变化，积极融入现实社会，对新的人生角色进行自我调适，将是即将出监的服刑人员最关键的人生发展任务。

（三）方案设计及实施

1. 团体设置

（1）目标：通过四次团体活动，让组员对自己的服刑生活重新梳理，觉察自己失去的和收获的，以及自己的变化。树立自信心，以积极阳光的心态面对刑满后的生活。

（2）时间：本团体进行四次，每周一次，每次大约 90 分钟。

（3）对象：即将出监的服刑人员 20 名。

（4）地点：监狱心理健康指导中心团辅活动室。

（5）团体领导者：心理健康指导中心咨询师 1 名，观察员 2 名。

2. 总体方案设计

单元主题	活动目标	活动流程
第一次 相逢是缘	1. 明确团队总目标，初步建立组员之间的信任感； 2. 团体组员之间初步相识； 3. 讨论制定团体契约	团队组建及自我介绍 1. 热身活动：生日排排队 2. 主题活动： （1）说名道姓 （2）我是谁？ （3）团体契约
第二次 我所经历的	1. 组员梳理所经历的生活事件，对过往生活有一个重新的认识； 2. 明确经历服刑生活后，生命中最宝贵的是什么	1. 热身活动再次相逢 2. 主题活动： （1）我的生命线 （2）回家的路 （3）假如生命可以重来
第三次 我的宝藏	1. 觉察特殊经历后自己的收获和失去的，以全面的视角看待服刑生活带给自己的改变； 2. 发掘自身所拥有的资源	1. 热身活动：我的变化 2. 主题活动： （1）特殊经历的收获 （2）我所失去的 （3）我的宝藏
第四次 我的两年后	1. 梳理自己的短期目标及长期目标； 2. 树立信心，以良好的心态迎接新生活	1. 热身活动：面带微笑 2. 主题活动： （1）回家后的一个月 （2）回家后的两年 （3）生命树

3. 具体实施

【单元一：相逢是缘】

目标：

1. 明确团队总目标，初步建立组员之间的信任感。

2. 团体组员之间初步相识。

3. 讨论制定团体契约。

内容与流程：

目的：引发团体组员参加团体的兴趣，团体领导者与团体组员之间初步认识 时间：约10分钟	**团队说明及领导者和观察员自我介绍** 领导者向团体组员表示欢迎并说明团体活动的目标、形式 领导者和观察员做简单自我介绍，对团体做一简单介绍后可以解答团体组员一些对活动的疑虑，使所有团体组员都能对团体的目标有较一致的认识
目的：让团体组员尽快相互熟悉，减少陌生感，增强团队凝聚力 时间：约15分钟 准备材料：在活动场地中间划一条纵线	**热身活动：游戏生日排排队** 操作：所有组员自己衡量在这个团队中自己的年龄所占的位置，年龄最大的排在纵线的最前面，年龄小的排在相对靠后一点的位置。游戏开始后迅速排队，不能交谈，可以调整位置。站好后从前往后自己报出生的年月日，站错位置的组员调整自己的位置，直到所有人都按照顺序站好，看看自己在团队中的年龄的正确位置
目的：让团队组员迅速相互熟悉 时间：约25分钟	**主题活动（1）：说名道姓** 操作：团队组员围坐成圈，开始自我介绍，要先说自己的名字再说姓，再简要介绍自己名字的含义。如果没有按照规则正确说名道姓，就主动大声说："对不起，我说错了！"
目的：团队组员的初步自我觉察与角色定位，进一步在团员中相互熟悉 时间：约30分钟 准备材料：白纸若干张	**主题活动（2）：我是谁？** 操作：组员分成四组，每名组员用十句："我是__________。"来描述自己，在组内分享。组员将白纸带回去，继续觉察自己眼中的自己，将"我是____________________。"的句式继续补充
目的：共同讨论达成团体规范 时间：约10分钟 准备材料：大白纸一张	**主题活动（3）：团体契约** 操作：全体组员共同讨论并制定团体规范。团体契约建立后写到大白纸上，并请每一位组员签下自己的名字

【单元二：我所经历的】

目标：

1. 组员梳理所经历的生活事件，对过往生活有一个重新的认识。

2. 明确经历服刑生活后，生命中最宝贵的是什么。

内容与流程：

目的：引发团体组员再次参加团体的兴趣，分享上次团辅后的感受 时间：约15分钟	**热身活动：再次相逢** 操作：领导者对组员再次参加活动表示欢迎，组员分享上次参加活动后自己的感受，进一步增强团队凝聚力
目的：让团体组员在觉察自己生命中的重大事件对自己的影响，重新审视自己的人生 时间：约30分钟 准备材料：白纸若干张（上画有一条标有年龄轴的横线）	**主题活动（1）：我的生命线** 操作：领导者让组员回顾自己走过的路 引导语：生命是一条不断向前的路，有顺境，有逆境，回顾自己走过的路，在生命轴上用曲线表示出自己在每个年龄阶段的状态，轴线上曲线表示顺境，轴线下曲线表示逆境。并在发生重大事件的年龄做出标记。分成四组分享：（1）走过的路；（2）重大事件的影响；（3）对生命的感悟
目的：体会在人生路途中遇到困难的感受以及有人帮助的感觉 时间：约25分钟 准备材料：设置好游戏路线，中间放有椅子作为路障	**主题活动（2）：回家的路** 操作：全体分成两组，两人成为搭档，一人戴上眼罩，另一人帮助搭档走完设置有障碍的路，途中不能讲话。角色互换体验。讨论：（1）蒙着眼睛的感受；（2）搀扶他人的感受；（3）走到终点的感受 分享感受回家的路上有艰难、迷茫、无助，但是路途中有家人、朋友、警官的一路无声的陪伴，路再长也有终点
目的：澄清生命中最为重要的事情和最宝贵的是什么 时间：约20分钟	**主题活动（3）：假如生命可以重来** 操作：领导者引导组员讨论分享：假如生命可以重来，你最想做的是什么？最值得你去珍惜的是什么？为什么？

【单元三：我的宝藏】

目标：

1. 觉察特殊经历后自己的收获和失去的，以全面的视角看待服刑生活带给自己的改变。

2. 发掘自身所拥有的资源。

内容与流程：

目的：增强组员融入感，觉察自身参加活动后的变化 时间：约 10 分钟	**热身活动：我的变化** 操作：组员分享参加两次团辅后自己的一些改变，改变可能是自己觉察到的，也可能是别人觉察到的，可以从自身和别人的视野去发现改变
目的：梳理服刑生活的收获 时间：约 30 分钟	**主题活动（1）：特殊经历的收获** 操作：分为四组，分享服刑生活中自己的改变、收获是什么 每组选派代表分享团员的收获
目的：梳理服刑生活所失去的 时间：约 20 分钟	**主题活动（2）：我所失去的** 操作：分为四组，分享服刑生活中自己失去的是什么 每组选派代表分享组员的感受：失去了才知道有些事情是不可以重来的，也是最值得自己珍惜的
目的：认识并发掘自己现在所拥有的能量，让组员将能量转化为向上的力量和前行的动力，遇见不一样的自我 时间：约 30 分钟 准备材料：彩色卡纸剪成的小元宝若干，大元宝一个	**主题活动（4）：我的宝藏** 操作：结合幻灯片讲述故事《老人与年轻人的对话》，让团员感受平凡人的宝藏。故事要点：一位老人在湖边钓鱼，旁边坐着一个愁眉不展的男青年，说自己一无所有，老人分别用 20 万元买信心，20 万元买智慧，30 万元买健康，30 万元买勇气，年轻人都没有卖，并最终明白自己并不是一无所有，而是没有看到自己所拥有的宝藏 引导组员将自己发掘的宝藏写到发的小元宝纸片上，并一一分享自己所拥有的宝藏，可以通过自己的故事来讲述自己的感悟，然后贴到大家共同的金矿——画板上黏贴的大元宝上 在分享环节中及时肯定、回应团员的发言，归纳寻找到的乐观、善良、坚强、感恩、面对、自信、坚持、生命等正能量的自我资源及亲情、友情、爱情、支持等社会支持系统

【单元四：我的两年后】

目标：

1. 梳理自己的短期目标及长期目标。

2. 树立信心，以良好的心态迎接新生活。

内容与流程：

目的：让组员感受假如面带微笑生活，生活也会回馈你微笑和善意 时间：约 10 分钟	**热身活动：面带微笑** 操作：组员分成两组，面对面，一人分别面带微笑和板着脸面对对方，让另一人感受不同的感觉。互换角色 分享：面带微笑时自己的感受，别人的感受。生活就是一面镜子，你笑他也笑，你哭他也哭
目的：让团体组员梳理自己的短期目标 时间：约 30 分钟	**2. 主题活动（1）：回家后的一个月** 操作：分组讨论分享自己回到家一个月内需要去做的事情，以及可能遇到的困难，如何去应对。领导者与组员共同梳理出短期内会遇到的问题和解决的办法
目的：让团体组员梳理自己的长期目标 时间：约 30 分钟	**3. 主题活动（2）：两年后的我** 操作：分组讨论分享设想中两年后自己的状况，当达到自己的设想时应该怎么做，遇到挫折时应该怎么办
目的：团队结束，处理离别情绪 时间：约 20 分钟 准备材料：彩色卡纸剪成的果实，生命树	**4. 主题活动（3）：生命之树** 操作：分组将代表大家收获的果实（彩色卡纸做的苹果、葡萄等）贴到生命之树上，让生命树盛开花朵，结出硕果。用看得到的实物象征去内化自己的收获 让团体组员在温暖的氛围中去结束团体辅导活动

第二节　监狱干警结构式团体辅导实例

一、专题 1

心灵加油站——监狱干警放松减压训练营

（一）前　言

监狱是国家专门的刑罚执行机关，承担着惩罚与改造罪犯、维护社会稳定的重任，监狱的执法活动是通过监狱人民警察这一执法主体实施的，而近些年来，随着监狱工作要求的不断提高，有限的警力配置与工作任务的日益加重，成了一对不可避免和长期存在的矛盾，监狱警察加班成为常态。由于长期处在高强度、高负荷、高风险的工作环境中，容易产生恐惧、焦虑、烦躁等不良心理，这不仅直接影响狱警自身的身心健康，也间接影响到了其工作潜能的发挥。

监狱人民警察素质高低直接影响监狱职能的发挥，要提高监狱人民警察素质就必须关注他们由工作压力带来的身心健康困扰。因此，在不断拓宽警察减压的方式与渠道基础上，构建相应的警察健康维护体系，引入团体心理辅导，结合现实的工作情境，以邀请监狱干警直接参与、集体体验的方式，在一定程度上，为缓解监狱警察的心理压力找到一个出口。

（二）理论背景

1. 叙事治疗

叙事治疗是澳大利亚心理治疗师怀特等人于20世纪80年代晚期创立的，是最具有后现代特色的心理疗法，其理论基础是建构主义。该疗法提出，生命即故事，即：一个人对自己经历及生命故事的反复叙说，构成了其自认为真实的生命经验。因此，一个人的问题常常是源于叙事者陷入了自己所构造出来的主观世界中。由于这些反复被叙说的生命故事是主观建构的，所以常常是有问题的，问题只存在于当事人有问题的语言中。既然生命故事是被当事人建构出来的，也就意味着这些故事可以被解构，有问题的老故事一旦被松动，就有可能建构出有利于个体发展的、建设性的新故事。

在叙事治疗中，治疗师的工作是倾听并回应当事人的叙述，通过恰当的介入，改变当事人看待世界惯用的思维方式和消极性习惯用语，借助提问、质疑、解释及忽视等谈话技巧，帮助当事人进行重新自我认识，挑战以往生命经验的叙说，从而帮助当事人创造出一个更加轻松积极的生命故事，并以此去生活（Parrya，1991）。因此，叙事治疗致力于引导当事人将有问题的生命经验叙说，转变为另一种有助于问题解决的生命经验重塑的过程。正因为语言如此重要，一名优秀的叙事治疗师更应是一名精通谈话艺术的语言大师。

2. 绘画治疗

绘画治疗是表达性艺术治疗的方法之一。方法是让绘画者透过绘画的创作过程，利用非语言工具，将混乱的心、不解的感受导入清晰、有趣的状态。可将潜意识内压抑的感情与冲突呈现出来，并且在绘画的过程中获得疏解与满足，而达到诊断与治疗的效果，在有限的空间（纸张）呈现完整的表现，画者可以客观地观看自己的作品。

（三）方案设计及实施

1. 团体设置

（1）目标：体验放松，认识压力，了解减压之道，学会在工作之余关爱自己。

（2）时间：一天下午，2—3 小时。

（3）对象：监狱干警 50 人，共分为 7 组。

（4）地点：监狱干警活动中心。

（5）团体领导者：有经验的团体领导者 2 名，每组配 1 名二级心理咨询师作为助手。

2. 总体方案设计

单元主题	活动目标	活动流程
心灵加油站	1. 建立温暖、融洽、坦诚的团体气氛； 2. 通过相互协作、支持和合作来增强团体的凝聚力，并发掘组员的创新思维； 3. 正确看待自身的压力，学习压力分类及自我减压的方法； 4. 开挖自身资源，意识到关爱自己的重要性，并将关爱自己落实到行动层面	领导者开场白 1. 热身活动：蜈蚣翻身 2. 主题活动 （1）团体建立 （2）冬季时装秀 （3）压力管理：三幅画 （4）他（她）的故事 （5）装满自己的水杯

3. 具体方案实施

目的：介绍性质与规则，组员与领导者相识 时间：约 10 分钟	**领导者开场白：** 操作：两位领导者及各小组助手做自我介绍，团体领导者澄清此次团体心理辅导活动的目的、性质及注意事项
目的：破冰，活跃气氛，消除初期小组组员之间的隔阂，让组员在游戏中体会信任和合作的重要性 时间：约 10 分钟	**热身活动：蜈蚣翻身** 操作：（1）根据奇偶数将全体分为两组，每组选一名组长负责监督对方，每组选一名计时员负责为对方组计时；（2）全组组员手拉手连成一条“大蜈蚣”，开始练习一下“大蜈蚣”跑动，看看彼此是否协调；（3）接下来开始做“蜈蚣”翻身比赛，要求第一位组员依次从第二、第三人拉手处，第三、第四人拉手处……一直到队伍最后两位的拉手处钻过去，第二位组员、第三位组员……跟随前面的组员一直钻完所有的拉手孔；（4）完成“蜈蚣”翻身用时最少的组、犯规最少组（手不允许松开、不可插空）为胜

续表

目的：体会合作中共同达成目标的快乐，增强组员的团队意识 时间：20 分钟	**主题活动（1）：组建团队** 准备：水彩笔、卡纸若干 操作：各个小组在领导者的示范下，自行设计团体口号、造型、队名、产生组内领导者
目的：体会合作的重要性，通过相互协作、支持和合作来增强团体的凝聚力，并发掘组员的创新思维 时间：30 分钟	**主题活动（2）：冬季时装秀** 准备：废报纸若干、剪刀、胶带、时装秀背景音乐 操作：请小组组员利用每组分配的工具，在规定的时间内，通过共同的创意完成一套时装的制作，并给自己的作品起好名字，各组作品完成之后，派一名组员介绍小组的时装作品，创意、特色之处，特别要介绍小组是如何完成此次时装秀设计的，集体完成还是一人承担，想法一致还是各说各的，不一致时怎么办？作品与最初的设想是一致的吗？本小组的优势在哪里？
目的：以绘画的方式看到自己目前的压力，对压力进行分类，并找到应对压力的方法。 时间：30 分钟	**主题活动（3）：压力管理：三幅画** 准备：白纸、水彩笔若干 操作：领导者通过示范及言语引导的方式，一步一步地带领组员绘制三幅画：（1）第一幅画——表示压力对自己的影响；（2）第二幅画——10 年之后一个好的状态；（3）第三幅画——找资源，哪些可以帮助我达到 10 年之后那个美好状态的资源。小组内分享与讨论各自的三幅画，最后，大组内进行分享
目的：利用催眠、叙事的方法，让组员能从未来、他人、自己身上找到资源，并最终运用到当下自身困惑的面对与解决上 时间：约 20 分钟	**主题活动（4）：他（她）的故事** 准备：领导者需具备相应催眠及叙事治疗的知识 操作：领导者通过催眠引导的方式，先讲述一个成功克服困难的隐喻故事，然后请组员在内心整理自己的三幅画，并引出一个“他（她）的故事”，想象故事中的“他（她）”和自己面临着同样的境遇，但却是有力量和有方法解决当前困惑的，请组员给这个故事的主角起名，并分享他（她）的故事。小组内进行分享，最后进行大组分享

续表

目的：让组员意识到关爱自己的重要性，并将关爱自己落实到行动层面，在温暖的氛围中结束团体 时间：约 20 分钟	**主题活动（5）：装满自己的水杯** 操作：带领组员在“做自己”和“做别人眼中的自己”之间找到平衡，请每位主演在小组内分享一条爱自己的决定，并保证在这个月实现，并在小组中选择见证人与监督者 引导语：我们常常在生活中，在别人的故事里扮演各种角色，我们力图做一个好儿女、好伴侣、好父母、好同事、好领导和一个好的监狱干警，但是常常在我们的故事当中却忘了自己，常常因为太在乎别人而忘了自己，如果我们总在给，如果我们连自己水杯里的水都不能装满，却总是不断往外倒的话，我们生命有一天终将枯竭 所以我们要学习的是，如何在“做自己”与“做别人眼中的自己”之间找到平衡，我们现在就需要学习爱自己

二、专题 2

快乐沟通、快乐工作——监狱干警正向沟通团体辅导

（一）前　言

在监狱工作中，无论是对在机关行政部门工作的狱警还是基层对服刑人员进行直接管理的一线狱警而言，建立良好的沟通工作氛围，不仅能有效地进行信息传递，也能让在岗工作的每一位狱警感受到整个团体的凝聚力，在温暖而有力的沟通交流中找到归属感，找到工作努力的方向，以愉悦及高效的状态迎接每一天的工作，这也是国家对提高司法系统行政效能和团队作战能力的一个重要要求。

在实际情况中，不同的单位及部门由于各种各样的原因呈现出沟通多元化的特点。在一些业务能力强、屡获表彰的部门里，常常可以看到其集体凝聚力较强、沟通顺畅，而在少数工作成效有待改善的单位与部门，面临国家对司法行业要求与任务越来越多、常常加班的情况下，却不能形成很好的团队凝聚力。究其原因，上下级、同级之间的相互支持与理解可能有待提高。因此，人际沟通仍是我们需要学习的一课。只有同时注重工作任务和团队建设的部门，才能营造出温暖与支持的工作氛围，进而大幅度地提高本部门的行政效能。

（二）理论背景

1. 人际沟通理论

人际沟通是指人们运用言语或非言语的形式进行意见交换、思想传递、文化传承、感情交流、需求表达的过程，是人们进行一切交往的前提条件。心理学的研究表明，当人清醒的时候，70% 的时间都花在沟通上，沟通不良会使个人无法传情达意，团体无法运作，组织任务无法完成。人与人之间的冲突往往是由于沟通不良所致[2]。人际沟通是一个人适应环境、承担社会角色、认识自我的重要途径，因此，学会在现实社会中进行良好的人际沟通不仅仅有信息传递的作用，也有非常重要的心理保健功能，是一个人形成健全人格的保障。

近年来，心理学家们关于沟通的理论主要集中在沟通过程上，强调言语沟通是一个由言语与非言语构成的动态系统，美国的管理心理学家认为，有效沟通必须包括四大步骤：注意、理解、接受和行动。社会心理学家也从 20 世纪 50 年代开始研究团体心理咨询的形式及沟通效率，徐西森认为，团体心理咨询能否达成目标，与团体沟通状况密切相关，团体领导者必须了解如何建构一个有效的团体沟通模型[2]。就团体心理辅导与咨询而言，人际沟通的研究成果为团体领导者观察、指导团体组员进行多层次的有效沟通、增进相互理解、在人际关系中获得自我成长提供了许多具体的方法和技巧。

2. 自我效能感理论

自我效能感是指个体对自己是否有能力为完成某一行为所进行的推测与判断。自我效能感（self-efficacy）是由美国著名心理学家班杜拉（bandura，1977）提出的一个重要概念。该理论认为，即便人的行为没有对自己产生强化，但由于人对行为结果所能带来的功效产生期望，可能会主动地进行某一活动。因此，自我效能感的高低直接决定着一个人做事的信心、个人的能动性与主动性。

班杜拉提出，影响自我效能感形成的因素主要来源于四种信息源：（1）个人成功或失败的经验。一般而言，一个人的成功经历越多，自我效能感就越高，因此，在团体心理辅导中，领导者要注意给组员提供更多的成功经验。（2）替代经验。根据社会学习的理论，个体不一定要通过亲身体验获得经验，当他看到他人通过努力克服困难时，也会增加个人的自我效能感。因此，在团体心理辅导中，领导者要结合组员的实际情况，给予其接触到更多有类似成功经验的实例。（3）言语劝说。结合叙事心理治疗的理论，一个优秀的团体领导者必然是一个善用语言艺术的语言大师，善用言语的力量，有效的语言同样可以提高个体的自我效能感。（4）情绪唤醒。在班杜拉的研究中，他发现，高水平的唤醒会使个体的成绩降低而影响自我效能，当个体不被厌恶刺激所困扰时更能期待成功，因此团体领导者需要教授一定的情绪管理方法，让个体情绪与当下任务之间形成一种相互促进的关系，而领导者自身的情绪稳定性对于团体也是非常重要的。

（三）方案设计及实施

1. 团体设置

（1）目标：体验放松，学习正向沟通，增强团体凝聚力，促进工作效能。

（2）时间：一天下午，2—3 小时。

（3）对象：监狱干警 50 人，共分为 7 组。

（4）地点：监狱干警活动中心。

（5）团体领导者：有经验的团体领导者 2 名，每组配 1 名二级心理咨询师作为助手。

2. 总体方案设计

单元主题	活动目标	活动流程
快乐沟通、快乐生活	1. 建立温暖、融洽、坦诚的团体气氛； 2. 促进干警之间进一步的正向沟通交流； 3. 有效沟通，加强团体凝聚力，传递正能量，促进工作； 4. 体验放松，工作减压	1. 热身活动 （1）一起来传话 （2）大风吹 （3）可怜的小猫 2. 主题活动 （1）组建团队 （2）无敌风火轮 （3）领导与普通干警的换位思考 （4）传递快乐 （5）结束：音乐冥想＋各组分享

3. 具体方案实施

目的：破冰，了解沟通交流的重要性，道听途说经常导致信息走样 时间：约 10 分钟	**热身活动（1）：一起来传话** 操作：游戏者上台排成行，第一个先阅读传话内容，然后口述给第二个人（不要让其他人听见），原则上只说一遍。第二个将听到的又口述给第三个人，以此类推，直到最后一个。让最后一个人将他听到的大声说出来。第一个则将他阅读到的大声说出来。看看传话走样得如何
目的：让组员通过游戏和身体接触减少陌生感，打乱开始时的座位 时间：约 10 分钟	**热身活动（2）：大风吹** 操作：全体组员围圈而坐，领导者介绍活动规则：领导者说："刮大风，刮大风，大风刮到 XX（具有某一特征的人，比如说：戴眼镜的人）身上。"那么具有这些特征的人就必须立刻离开自己的位置，重新寻找空位子坐下
目的：让组员通过游戏减少陌生感，充分热身，带着欢乐投入团体 时间：10 分钟	**热身活动（3）：可怜的小猫** 操作：全体围坐成圈，一人当小猫坐在中间。小猫走到任何一人面前，蹲下学猫叫。面对者要用手抚摸小猫的头，并说："哦，可怜的小猫。"但是绝不能笑，一笑就算输，要换当小猫。抚摸者不笑，则小猫叫第二次，不笑，再叫第三次，再不笑，就得离开找别人。当小猫者可以装模作样，以逗对方笑
目的：体会合作中共同达成目标的快乐，增强组员的团队意识 时间：20 分钟	**主题活动（1）：组建团队** 准备：水彩笔、卡纸若干 操作：各个小组在领导者的示范下，自行设计团体口号、造型、队名、产生组内领导者
目的：体会合作的重要性，通过相互协作、支持和合作来增强团体的凝聚力，并发掘组员的创新思维 时间：30 分钟	**主题活动（2）：无敌风火轮** 准备：足够的废报纸、宽透明胶带若干、剪刀 操作：计时开始，要求每队 8 个人利用 100 张报纸、一个胶带和一把剪子制作一个可以容纳全体团队成员的封闭式大圆环，将圆环立起来全队成员站在圆环上且在起点外，边走边滚动大圆环，全部队员走过终点计时结束；赛道 30 米，圆环厚度、长度可自行确定，但只能用 100 张报纸、容纳 8 人即可；当圆环断裂，需返回起点处重新制作、重新开始；本比赛以用时长短为评比依据 注意事项：（1）比赛时，参赛者不可脱鞋；制作圆环时除参赛 8 人外，他人不可帮忙；（2）所有参赛队员双脚不可离开圆环，接触地面；（3）各队员必须执行以上规则，如有违规，则重新返回起点开始

续表

目的：启发换位思考，促进不同层级群体之间的理解，找到恰当的沟通方式 时间：约 20 分钟	**主题活动（3）：领导与普通干警的换位思考** 操作：设置几个在工作中经常会出现的场景，来启发在场的领导与普通干警之间进行换位思考，分组讨论出恰当的沟通交流方式。如：监狱大练兵即将开始，领导该如何传达此次工作任务？
目的：传递快乐与正能量，并带来日常沟通内容的反思 时间：约 20 分钟	**主题活动（4）：传递快乐** 操作：每人分享一件最近让你快乐或感动的事情，要求小组成员之间要给予尊重、接纳和保密。领导者组织成员进行讨论：（1）你怎么看待别人的快乐与感动？一件事情的不同视角，也许团队中的某个成员只是分享了一个小小的事件，他给了你什么不同的视角？（2）在生活中，你经常传递的是正能量还是负能量？（3）负能量如何疏导？我会表达吗？——结合上边的活动
目的：总结、升华、在放松的氛围中结束团体 时间：约 20 分钟	**主题活动（5）：各组分享 + 音乐冥想（结束团体）** 准备：冥想音乐 操作：请各组组员分享此次团体活动的感受、收获，以及今后在工作、生活关于沟通的行动方向，最后领导者带领全体组员，在音乐的冥想中结束此次团体活动

第三章　教学篇——实训手册

目前，越来越多的业内心理咨询师培训课程，开始注重加入“个人体验”这一个重要的环节，即：个体或团体咨询师以求助者的身份，接受更高级别咨询师的个人或团体咨询。调查发现，过半数的心理咨询师在他们受训后完成了个人体验，超过 90% 的咨询师说他们在这样的经验中得到相当多的个人和专业上的收获[21]。在体验课程中，初学者自身个人问题的出现是一个非常重要的契机，它会迫使我们寻求更好的自我探索，这种自我了解的过程可以使团体领导者辨识到自己的盲点。相反，缺乏自我体验式的实训部分，团体领导者往往会将自己的反移情、个人主观感受与经验、幻想运用到团体辅导中，这将会大大削弱团体的效能。

本章“教学篇”为团体领导者培养的实训课程，目的在于通过让团体心理辅导的初学者实际参与体验，了解团体工作的整个过程，内容涉及十个不同的主题内容，穿插了结构式团体心理辅导中的一些常用技术，如：绘画治疗、角色扮演、沙盘制作等，培训教师可结合实际情况开展相关的实训教学工作，可以通过分组的形式让初学者体验不同的主题内容，最后再根据实际监狱工作的需要设计不同主题的结构式团体心理辅导（咨询）方案，并开展课堂演示或相关比赛，甚至可以把方案放到实际群体（服刑人员）中进行效果检验，通过让初学者积极参与、亲身体验、以赛促教、以赛促学、实际操作等形式多样的教学训练方式，提高学生的学习兴趣及案例设计的能力，增强初学者的专业适应力。

本实训教程不仅适用于司法警察类院校教师为“罪犯心理测量与矫治”专业的同学进行课堂教学，也适用于监狱团体心理辅导初学者课程的设计参考。

第一节　实训项目 1　团队建设

一、实训目的和要求

1. 初步对团队建设形成共识，制定团体规范。

2. 学习非言语的表达方式，增加团体凝聚力。

二、内容与流程

目的：暖身，活跃气氛，让成员通过游戏和身体接触减少陌生感 时间：约 20 分钟	**活动一：热身活动** （一）大风吹 1. 规则介绍： （1）把比人数少一张椅子数目的椅子围成一圈 （2）小风吹——吹正“清风拂面”，有该特征的人需要离开座位 （3）大风吹——吹反“风力较猛、翻天覆地”，没有该特征的人需开座位 （4）狂风吹——所有人都要离开座位 2. 领导者：大（小）风吹　　其余的人：吹什么？ （二）可怜的小猫 1. 全体围坐成圈，一人当小猫坐在中间 2. 小猫走到任何一人面前，蹲下学猫叫。面对者要用手抚摸小猫的头，并说：“哦！可怜的小猫。”（但是绝不能笑，一笑就算输，要换当小猫） 3. 抚摸者不笑，则小猫叫第二次，不笑，再叫第三次，再不笑，就得离开找别人 4. 当小猫者可以装模作样，以逗对方笑
目的：初步分组，活跃气氛，增强团体凝聚力，为进一步的活动做准备 材料：水彩笔、卡纸若干 时间：约 40 分钟	**活动二：组建团队** 相互加深认识 连环自我介绍 棒打薄情郎 （二）确立组名 1. 确定组名、组长及澄清团体规范 2. 大组内分享五个内容（造型、口号、海报、组长、组名）

续表

目的：体会团体对个人的重要性，增强团体凝聚力 材料：废报纸、胶带、剪刀若干 时间：约60分钟	**活动三：建高塔** （一）活动规则： 1.全程不许说话，只能用非语言表达 2.搭塔时间只有40分钟，到时间必须停下 3.结束后将评比出哪组的塔最坚固、哪组的塔最高、哪组的塔最美丽、哪组的塔最富创意 （二）观察员记录及讨论 观察员必须记录作业过程中，团体内发生的状况： 1.主意是怎样产生的？ 2.有分歧是怎样解决的？ 3.谁是团体中的关键人物？ 4.每个成员在团体过程中的表现与贡献？ 5.有无违反规定（不许说话）等等 （三）大组讨论

三、实施方式

以小组形式进行，每组确定领导者，各组领导者（组长）配合教师下发的任务领导组员进行团体活动，教师要注意各个组完成任务的情况，并根据情况给予指导说明。

第二节　实训项目2　学会倾听

一、实训目的和要求

1. 认识倾听的重要性及有效倾听的要素

2. 在实践中练习有效倾听及反馈

二、内容与流程

目的：通过影片赏析来展开有效倾听的讨论，从感性到理性来理解倾听 时间：约60分钟	**活动一：影片赏析《心灵点滴》** 组织全体组员进行影片赏析 分小组讨论：有效倾听的要素有哪些？ 大组分享及反馈
目的：在实践中检验自己的倾听能力，并进行反思 时间：约60分钟	**活动二：有效倾听** 1.三人小组，一人做讲述者，一人做倾听者，一人做观察员，讲述者讲述一件成长中的事件，倾听者对所听到的内容进行复述，观察员对两人的言语与非言语进行观察； 2.三人互换，每人都要有机会做不同的角色进行练习
目的：学习如何在倾听中有效反馈，产生更多的换位思考。	**活动二：倾听中的反馈** 以小纸条的形式给出若干服刑生活场景的对话（服刑人员与心理咨询师的对话），每个小组进行抽签选择不同的纸条，讨论咨询师是否用心感受到了服刑人员的感受和需要 将争议较多的对话场景进行角色扮演，让组员体验到不被有效倾听的痛苦，以及被有效倾听的愉悦，产生更多的换位思考和实践

三、实施方式

以小组形式进行，每组确定领导者，各组领导者（组长）配合教师下发的任务领导组员进行团体活动，教师要注意各个组完成任务的情况，并根据情况给予指导说明。

第三节　实训项目3　沟通训练

一、实训目的和要求

1.认识沟通的重要性及有效沟通的要素

2.发现自己常用的沟通方式和内容

3.学习并实践非暴力沟通

二、内容与流程

单元一

目的：认识沟通的重要性及有效沟通的要素 材料：两张样图，每人一张16开白纸和笔 时间：约20分钟	**活动一：热身——我说你画** 1.活动程序 （1）第一轮请一名志愿者上台担任“传达者”，其余人员都作为“倾听者”，“传达者”看样图一两分钟，背对全体“倾听者”，下达画图指令； （2）“倾听者”们根据“传达者”的指令画出样图上的图形，“倾听者”不许提问； （3）根据“倾听者”的图，“传达者”和“倾听者”谈自己的感受； （4）第二轮再请一位志愿者上台，看着样图二，面对“倾听者”们传达画图指令，其中允许“倾听者”不断提问，看看这一轮的结果如何？ （5）请“传达者”和“倾听者”谈自己的感受，并比较两轮过程与结果的差异 2.注意事项 （1）第一轮与第二轮两张样图构成基本图形一致，但位置关系有所区别； （2）两轮中的“传达者”可以为同一人，也可以为不同人； （3）邀请“倾听者”谈感受时要选择有代表性的，如画得较准确的和特别离谱的，这样便于分析出造成不同结果的多种因素，从而找到改进的主要原因
目的：发现自己常用的沟通内容 时间：约40分钟	**活动二：传递快乐** 1.每人分享一件最近让你快乐或感动的事情，要求小组成员之间要给予尊重、接纳和保密 2.小组内讨论 （1）你怎么看待别人的快乐与感动？ （2）一件事情的不同视角，也许团队中的某个组员只是分享了一个小小的事件，他（她）给了你什么不同的视角？ （3）在生活中，你经常传递的是正能量还是负能量？ （4）负能量如何疏导？我会表达吗？
目的：识别沟通中的暴力 时间：约40分钟	**活动三：识别沟通中的暴力** 分别展示几个在团体心理咨询中的常见场景，包括服刑人员之间、服刑人员与团体领导者之间的会话，请每位小组成员结合自身，寻找哪些行为或言语会导致沟通中的暴力产生 领导者根据小组成员的回答，总结沟通中的暴力因素

单元二

目的：了解沟通交流的重要性，道听途说经常导致信息走样 时间：约 15 分钟	**活动一：热身——一起来传话** 操作：全体组员，第一个先阅读传话内容，然后口述给第二个人（不要让其他人听见），原则上只说一遍。第二个将听到的又口述给第三个人，以此类推，直到最后一个。让最后一个人将他听到的大声说出来，第一个人也将他阅读到的大声说出来。看看传话走样得如何
目的：认识并学会非暴力沟通 时间：约 40 分钟	**活动二：认识"非暴力沟通"** 用卡片来展示非暴力沟通的要素，各组认领一个要素进行讨论； 结合心理教育和角色扮演，展示服刑人员之间的会话场景，依次完成： 区分观察和评论； 区分感受和想法； 区分请求与命令； 如何在团体心理辅导中提出自己明确的要求？
目的：实践非暴力沟通，运用行为的综合表现力 时间：约 40 分钟	**活动三：好好说话** 分别给出几组在服刑人员团体心理辅导中的场景，包括：感谢他人、拒绝他人、提出要求等，要求每个小组进行团体领导者的角色扮演。 练习中需运用"非暴力沟通"的要素，每个小组设置观察员，该练习强调行为综合表现力的运用，包括言语与非言语的信息

三、实施方式

以小组形式进行，每组确定领导者，各组领导者（组长）配合教师下发的任务领导组员进行团体活动，教师要注意各个组完成任务的情况，并根据情况给予指导说明。

第四节　实训项目 4　回顾成长

一、实训目的和要求

1. 集思广益，团体合作，创新思维

2. 对自己的人生做出评估。理解千差万别的人生经历，增强对他人的理解

二、内容与流程

单元一

目的：增进团队感情，让成员体会成长路上并非一帆风顺，挫折和艰辛是难免的 时间：约20分钟	**活动一：热身——成长三部曲** 1.活动规则 （1）在最初状态，所有成员都是鸡蛋（以蹲下为标志）；“鸡蛋”可以自由活动，与同类进行猜拳，如果赢了，就进化成小鸡（以半蹲为标志）； （2）小鸡再与同类（只能是小鸡）猜拳，如果赢了，就进化成大鸡，如果输了，就退化成鸡蛋； （3）大鸡再与同类（只能是大鸡）猜拳，如果赢了，就成功退回座位，如果输了，就退化成小鸡。以此类推，每个成员直到成功回到座位才能退出游戏。 2.讨论及分享 领导者引导大家分享感觉。每个人在成长过程中往往不是一帆风顺的，可能经历许多挫折，但是只要坚持不懈，在经历了无数次失败之后一定可以茁壮成长，取得成功
目的：对自己的人生做出评估。理解千差万别的人生经历，增强对他人的理解 准备：白纸、水彩笔若干 时间：约60—90分钟	**活动二：绘制《我的人生线》** 1.活动规则： 教师先说明用人生曲线探索自己人生过程的意义，然后要求大家划一个坐标，横坐标表示年龄（时间），纵坐标表示对生活的满意程度；然后找出自己生活中的一些重要的转折点，连成线，边看着线边反省，并对未来人生的趋向用虚线表示。 2.组内分享及讨论 （1）在小组中，每位成员以坦诚的心情向他人介绍自己的人生； （2）通过相互交流可以了解到每个人不同的人生经历； （3）交流结束时，每个小组派一位代表在整个团体中交流自己练习的感受

单元二

目的：学习站在整个生命历程的角度来看待当下 时间：约 20 分钟	**活动一——热身：音乐作品赏析《生命列车》** 全体组员共同赏析音乐作品； 小组分享感受
目的：回顾成长中的点滴，学会将倾听、反馈、理解、复述在团体心理辅导中进行综合运用 准备：白纸、笔若干 时间：约 60 分钟	**活动二：《个人回忆录》** 活动规则 冥想引导：每个人即将出版一本个人回忆录，现在正在与出版社商谈出版之前的目录，请写下来每个目录包括了每一生命阶段的内容（至少≥6个章节），该目录给了出版商之后，出版商想知道更多的章节，请从每两个章节中间加入一个章节；这时，出版商认为章节过多，希望你删掉一章。看看自己所写的目录，找到自己认为最不重要的一章，若删不掉，请挑选最不重要的，或者从现在的章节基础上，再加上一章，直到你挑出最不重要的一章；请在小组中组成三人小组谈自己认为最不重要的一章，并用最重要的方式来谈，小组成员通过提问的方式帮助成员来丰富这一章的内容。（A 当讲述者，B 当聆听者，C 当观察员——角色互换），三人小组讨论介绍后回到大组中由聆听者 B 来讲述讲述者 A 的故事

三、实施方式

以小组形式进行，每组确定领导者，各组领导者（组长）配合教师下发的任务领导组员进行团体活动，教师要注意各个组完成任务的情况，并根据情况给予指导说明。

第五节　实训项目 5　我与家庭

一、实训目的和要求

1. 认识原生家庭对个人成长的影响

2. 引发反思，认识自己与家庭成员之间的关系以及走过的发展历程

二、内容与流程

目的：用舟比喻家庭成员之间的关系，集思广益，团体合作，创新思维，努力尝试，靠团体力量，克服困难，达到目的 时间：约15分钟	**活动一：热身——同舟同济** 1. 规则： （1）练习开始时，指导者要求将图纸铺在电上，代表汪洋大海中的一条船，现在，需要团体成员8人同时站在船上，一个也不能少，必须同生死共命运。随后让成员们想方设法，使全体成员同时登上船； （2）行动之前团体可以充分讨论，拿出最佳方案； （3）当成功地完成任务后，领导者可以要求将面积减半，继续实验，完成后可以继续将面积再减半（同上） 2. 讨论感受与收获
目的：认识原生家庭对个人成长的影响，并引发反思 准备：铅笔、白纸若干 时间：约60—90分钟	**活动二：绘制《我的家谱图》** 领导者或教师教授全体组员绘制家谱图，并说明家谱图的作用、意义及应用等内容。 引导组员在小组内进行分享： （1）用3个形容词分别形容自己与重要亲人； （2）家族中发生过什么重大事件，有无规律性的事情发生？（选择性分享） （3）我和家族中的谁最像？ （4）我目前的困惑与家谱图有何关系吗？ （5）当我在生活、学习和工作中遇到不顺心的事情时，最有可能向哪个家人倾诉？ （6）如果家人中没有人在我困难时与我同舟共济，原因是什么？ （7）为了改善与家庭成员的关系，我会做出哪些努力？

三、实施方式

以小组形式进行，每组确定领导者，各组领导者（组长）配合教师下发的任务领导组员进行团体活动，教师要注意各个组完成任务的情况，并根据情况给予指导说明。

第六节　实训项目 6　压力管理

一、实训目的和要求

1. 认识压力，学会给压力进行分类

2. 学习压力管理知识及技巧，提高个体的问题解决能力

二、内容与流程

目的：团体合作，靠集体的力量解决困难，体会团体支持对个人的意义和重要性 时间：约 25 分钟	**活动一：热身——解开千千结** 1. 活动规则 领导者让每组成员手拉手成为一个圈，看清楚自己的左手和右手是谁，确认后松手，在圈内自由走动，指导者叫停，成员定格，位置不动，伸手拉左右手，从而形成许多结或扣，不能松手，但可以钻、跨、绕，要求成员设法解决难题，回复到起始状况。练习需要成员有耐心，互相配合，齐心协力 2. 讨论：当排除困难、解决问题时，请组员分享活动的感受
目的：探讨自身压力，正确认识压力，并学会压力管理的技巧与方法 准备：白纸、水彩笔若干 时间：约 60—90 分钟	**活动二：绘制《我的压力圈》** 1. 用绘画的形式画出自己的压力圈 2. 小组内讨论后进行大组分享 （1）压力的分类 （2）能掌控的压力 VS 不能掌控的压力 （3）形成各类型压力的解决方案
目的：用绘画形式呈现具体的个人困扰，并尝试找到解决方法 准备：冥想音乐、白纸、水彩笔若干 时间：约 60—90 分钟	**活动三：绘画与冥想——“困境突围”** 1. 引导全体组员在冥想音乐的带领下做想象放松练习 2. 引导组员进行“困境突围四幅画”的绘制，分别为： （1）第一幅画：此时此刻的感受； （2）第二幅画：目前最大的个人困扰； （3）第三幅画：解决此个人困扰的方法； （4）第四幅画：该个人困扰被解决后，生活将会变得如何。 3. 进行小组内交流，最后进行大组分享

三、实施方式

以小组形式进行，每组确定领导者，各组领导者（组长）配合教师下发的任务领导组员进行团体活动，教师要注意各个组完成任务的情况，并根据情况给予指导说明。

第七节　实训项目 7　价值观探索

一、实训目的和要求

1. 使个体能更深入地觉察价值的形成过程

2. 培养个体具有宽广的视野，训练能从多种角度来分析、判断事物的能力

二、内容与流程

目的：体验被支持、被信任的感觉，并觉察自己是否容易信任他人 时间：约 25 分钟	**活动一：热身——信任圈** 1. 活动规则 （1）小组组员围圈而站，其中一名组员到圈中，作为准备跌倒者，其余组员分别把手放在他身体的不同部位，让他感觉到被支持、被照顾的感觉。领导者说“开始”，中间的组员就自由地向各个不同的方向倾倒，无论倒向哪个方向，都会有组员稳稳地接住他。 （2）可以换不同的组员进入圈内，轮流体验被支持的感觉。 2. 讨论感受与收获
目的：澄清个人价值观 材料：白纸、笔若干 时间：约 40 分钟	**活动二：拥有与丧失练习** 1. 活动规则： （1）生命中的五样：领导者请全体组员回想一下个人生活中最重要的事物，写下“生活中最最重要的五样及选择理由”，组内交流与分享；（2）丧失练习：请组员进行逐一删除，最后只能保留一样，每删除一项，就在组内交流一遍。 2. 讨论：在练习中得到的启发

续表

目的：帮助个体反思个人价值观及人生目标 准备：白纸、水彩笔若干 时间：约 45—60 分钟	**活动三、墓志铭** 操作： 1. 领导者介绍练习的背景及意义，使组员能投入练习 2. 示范并举例墓志铭的制作方法 （1）想象你得病即将去世，现在要替自己写墓志铭，反映自己的一生，墓志铭将会刻在墓碑上，供人凭吊； （2）墓志铭除了生年与卒年外，还需要包括：一生中的最大目标、在不同年纪的成就、对家庭社会及其他人的贡献以及他人评价等。 3. 小组分享及讨论

三、实施方式

以小组形式进行，每组确定领导者，各组领导者（组长）配合教师下发的任务领导组员进行团体活动，教师要注意各个组完成任务的情况，并根据情况给予指导说明。

第八节　实训项目 8　团体沙盘

一、实训目的和要求

1. 通过团体沙盘制作来了解自己与他人，学习换位思考
2. 学习并掌握团体沙盘的制作方法

二、内容与流程

目的：热身、初步了解及认识沙盘 时间：约 10 分钟	**活动一：热身——触沙** 1. 操作：配合一定的指导语，向组员展示沙盘游戏的材料，说明使用不受限制，邀请组员用手来触摸沙子，可以邀请组员闭上眼睛，配合呼吸来进行放松，放飞想象，用手去感受触沙的此时此刻，沙传递给自己的一切信息。另外，领导者可以拨开沙子向组员展示沙盘底部的蓝色部分，告知沙下面也是安全的。 2. 讨论：（1）触摸沙时侯的感觉；（2）看到蓝色底部的感觉
目的：澄清个人价值观，进一步认识沙盘及沙具 时间：约 40 分钟	**活动二：最打动我的一个沙具** 1. 操作：向全体组员展示沙盘架上的沙具，可以预留 5 分钟左右时间让组员进行观摩。之后，请全体组员坐定，只允许一位组员走到沙架挑选一个沙具放到沙盘内，让他挑选喜欢的，或者和生活最相关，或者他最愿意拿下来摆放的沙具，轮流依次进行。 2. 讨论：（1）为什么这个沙具打动了你？（2）它对你意味着什么？
目的：通过沙盘作品来呈现内心世界，了解自己与洞悉团体，并熟练掌握沙盘的制作过程 时间：约 60—90 分钟	**活动三：沙盘制作** 1. 操作 （1）讲解团体沙盘的制作规则； （2）示范并引导组员进行制作团体沙盘，可进行多轮。 2. 引导语：我们每一个人都想和他人交流，但是有时候可能用语言表达不清楚，或者不全面，我们可以借用沙盘这个工具，用玩具来制作作品。这不是心理测验，我们也不对每个人摆放的玩具进行分析，没有对错之分，只是按照自己的想法选择拜访玩具和动沙，将自己想法表现出来就可以了。摆放的次序抽签决定，每人每次可以动沙、摆放一个玩具或者一套玩具，不许拿走别人的玩具，但是可以移动，如果移动了自己的玩具或者别人的玩具则本轮不可以再放玩具。在制作过程之中，组员之间不能以任何形式的方式进行交流。 3. 注意事项：时间和轮次没有特殊规定，一般不得超过 60 分钟，经过 5—6 轮，主要由领导者进行把握，如果感觉沙箱里的玩具已经足够多，或者场面比较完整，就可以提前一轮提示，告诉团体组员再进行最后一轮或者两轮玩具的摆放。 4. 根据“沙盘过程记录表”进行小组讨论

三、实施方式

以小组形式进行，每组确定领导者，各组领导者（组长）配合教师下发的任务领导组员进行团体活动，教师要注意各个组完成任务的情况，并根据情况给予指导说明。

第九节　实训项目 9　隐喻的运用

一、实训目的和要求

1. 学习通过隐喻故事来传达思想

2. 拓宽学习者的团体辅导技术工具箱

二、内容与流程

目的：认识表达性艺术载体在团体心理辅导中的作用 时间：约 45 分钟	**活动一：短片赏析** 1. 操作：播放适当的短片，如《鹰之重生》《皇帝企鹅的故事》《缺失的一半》《鸭子与死神》等具有寓意的小短片进行引导与赏析 2. 讨论 （1）每个小短片传达了什么？ （2）如何在团体心理辅导中利用好表达性艺术载体？
目的：探讨生命的意义，学习运用隐喻 时间：约 40 分钟	**活动二：讲述《一片叶子落下来》** 1. 故事讲述： 春天已经过去，夏天也这样走了。叶子弗雷迪长大了。他长得又宽又壮，五个叶尖结实挺拔。春天的时候，他还是个初生的嫩芽，从一棵大树树顶的大枝上冒出头来。 弗雷迪的身旁有成百上千的叶子，都跟他一模一样——看起来是这样。不过，他很快就发现没有两片叶子是真的一样的，尽管大家都长在同一棵树上。弗雷迪的左边是阿弗烈，右边的叶子是班，他的头顶上是那个可爱的女孩子克莱。他们一起长大，学会了在春风吹拂时跳跳舞，在夏天懒洋洋地晒晒太阳，偶然来一阵清凉的雨就洗个干干净净的澡。 弗雷迪最好的朋友是丹尼尔。他是这根树枝上最大的叶子，好像在别的叶子都还没来的时候就先长出来了。弗雷迪还觉得丹尼尔是最聪明的。丹尼尔告诉大家说，他们都是大树的一部分，说他们生长在公园里，说大树有强壮的根深深埋在地底下。早上飞来枝头上唱歌的小鸟、天上的星星月亮和太阳，还有季节的变化，不管什么东西，丹尼尔都有一套道理解释。 弗雷迪觉得当叶子真好。他喜欢他的树枝、他轻盈的叶子朋友、他高高挂在天上的家、把他推来推去的风、晒得他暖洋洋的太阳，还有在他身上洒下温柔洁白身影的月亮。

续表

目的：探讨生命的意义，学习运用隐喻 时间：约 40 分钟	夏天特别好。他喜欢漫长炎热的白天，而温暖的黑夜最适合做梦。那年夏天，公园里来了许多人。他们都来到弗雷迪的树下，坐在那里乘凉。 丹尼尔告诉他，给人遮阴是叶子的目的之一。“什么叫目的？”弗雷迪问。“就是存在的理由嘛！”丹尼尔回答。“让别人感到舒服，这是个存在的理由。为老人遮阴，让他们不必躲在炎热的屋子里，也是个存在的理由。让小孩子们有个凉快的地方可以玩耍，用我们的叶子为树下野餐的人扇风，这些，都是存在的目的啊！” 弗雷迪最喜欢老人了。他们总是静静坐在清凉的草地上，几乎动也不动。他们喃喃低语，追忆过去的时光。小孩子也很好玩，虽然他们有时会在树皮上挖洞，或是刻下自己的名字。不过，看到小孩子跑得那么快，那么爱笑，还是很过瘾。 但是弗雷迪的夏天很快就过完了。就在十月的一个夜里，夏天突然消失。弗雷迪从来没有这么冷过，所有的叶子都冷得发抖。一层薄薄的白色东西披在他们身上，太阳出来就马上融化，变成晶莹的露水，搞得大家全身湿漉漉的。又是丹尼尔告诉他们：他们刚经历生平第一次降霜。表示秋天到了，冬天也不远了。 转瞬之间，整棵树，甚至整个公园，全染上了浓艳的色彩，几乎找不到绿色的叶子。阿弗烈变成深黄色，班成了鲜艳的橙色，克莱儿是火红色，丹尼尔是深紫，弗雷迪自己则是半红半蓝，还夹杂着金黄。多么美丽啊！弗雷迪和他的朋友把整棵树变成如彩虹一般。 “我们都在同一棵树上，为什么颜色却各不相同呢？”弗雷迪问道。“我们一个一个都不一样啊！我们的经历不一样，面对太阳的方向不一样，投下的影子不一样，颜色当然也会不一样。”丹尼尔用他那“本来就是这样”的一贯口吻回答，还告诉弗雷迪，这个美妙的季节叫作秋天。 有一天，发生了奇怪的事。以前，微风会让他们起舞，但是这一天，风儿却扯着叶梗推推拉拉，几乎像是生气了似的。结果，有些叶子从树枝上被扯掉了，卷到空中，刮来刮去，最后轻轻掉落在地面上。 所有叶子都害怕了起来。“怎么回事？”他们喃喃地你问我，我问你。“秋天就是这样。”丹尼尔告诉他们，“时候到了，叶子该搬家了。有些人把这叫作死。”“我们都会死么？”弗雷迪问。“是的。”丹尼尔说。“任何东西都会死。无论是大是小，是强是弱。我们先做完该做的事。我们体验太阳和月亮、经历风和雨。我们学会跳舞、学会欢笑。然后我们就要死了。”“我不要死！”弗雷迪斩钉截铁地说。“你会死吗，丹尼尔？”“恩。”丹尼尔回答，“时候到了，我就死了。”“那是什么时候？”弗雷迪问。“没有人知道会在哪一天。”丹尼尔回答。

续表

目的：探讨生命的意义，学习运用隐喻 时间：约 40 分钟	弗雷迪发现其他叶子不断在掉落。他想："一定是他们的时候到了。"他看到有些叶子在掉落前和风挣扎撕打，有些叶子只是把手一放，静静地掉落。很快地，整棵树几乎都空了。"我好怕死。"弗雷迪向丹尼尔说，"我不知道下面有什么。" "面对不知道的东西，你会害怕，这很自然。"丹尼尔安慰着他，"但是，春天变夏天的时候，你并不害怕。夏天变秋天的时候，你也不害怕。这些都是自然的变化。为什么要怕死亡的季节呢？" "我们的树也会死么？"弗雷迪问。 "总有一天树也会死的。不过还有比树更强的，那就是生命。生命永远都在，我们都是生命的一部分。" "我们死了会到哪儿去呢？" "没有人知道，这是个大秘密！" "春天的时候，我们会回来吗？" "我们可能不会再回来了，但是生命会回来。" "那么这一切有什么意思呢？"弗雷迪继续问。 "如果我们反正是要掉落、死亡，那为什么还要来这里呢？" 丹尼尔用他那"本来就是这样"的一贯口吻回答，"是为了太阳和月亮，是为了大家一起的快乐时光，是为了树荫、老人和小孩子，是为了秋天的色彩，是为了四季，这些还不够吗？" 那天下午，在黄昏的金色阳光中，丹尼尔放手了。他毫无挣扎地走了。掉落的时候，他似乎还安详地微笑着。"暂时再见了，弗雷迪。"他说。然后就剩弗雷迪一个了，他是那根树枝仅存的一片叶子。 第二天清早，下了头一场雪。雪非常柔软、洁白，但是冷得不得了。那天几乎没有一点阳光，白天也特别短。弗雷迪发现自己的颜色褪了，变得干枯易碎。一直都好冷，雪压在身上感觉好沉重。凌晨，一阵风把弗雷迪带离了他的树枝。一点也不痛，他感觉到自己静静地、温和地、柔软地飘下。 往下掉的时候，他第一次看到了整棵树，多么强壮、多么牢靠的树啊！他很确定这棵树还会活很久，他也知道自己曾经是它生命的一部分，感到很骄傲。 弗雷迪落在雪堆上。雪堆很柔软，甚至还很温暖。在这个新位置上他感到前所未有的舒适。他闭上眼睛，睡着了。他不知道，冬天过了春天会来，也不知道雪会融化成水。他不知道，自己看来干枯无用的身体，会和雪水一起，让树更强壮。尤其，他不知道，在大树和土地里沉睡的，是明年春天新叶的生机。 2. 讨论感受与收获

三、实施方式

以小组形式进行，每组确定领导者，各组领导者（组长）配合教师下发的任务领导组员进行团体活动，教师要注意各个组完成任务的情况，并根据情况给予指导说明。

第十节　实训项目 10　团体结束技术

一、实训目的和要求

1. 掌握团体心理辅导结束的方式与方法

2. 总结收获与得失，巩固团体辅导的效果

二、内容与流程

目的：回顾团体历程 时间：约 15 分钟	**活动一：热身——电子相册历程回顾** 准备：整理、筛选出团队组建从构思、前期访谈及每次活动中的照片，录制适当的音乐做成电子相册 操作：播放选好的音乐，按照时间顺序播放照片，回顾整个团体的历程
目的：回顾与总结自己的团体经验与收获 准备：白纸、笔若干 时间：约 50 分钟	**活动二：我的收获** 1. 操作：组员围圈而坐，领导者下发纸笔，请大家写下在本次团体辅导活动中的收获或得失（也可不用纸笔，请每位组员用三句话来叙述） 2. 交流内容： （1）在本次团体，我所学习到的内容 （2）自己参加本次团体活动中的表现 （3）如何将团体学到的内容应用到实际生活中

续表

目的：结束团体，但把团体的精神留在今后生活中的每一天 时间：约 40 钟	**活动三：心的祝福** 准备：水彩笔、心形卡片、轻柔的背景音乐 操作：领导者给每位组员发放一张心形的卡片，上面写上自己的姓名或昵称，请小组内其他组员，包括领导者及助手为自己写一句祝福或建议。当每位组员都写完之后，各自拿回自己的心形卡片仔细看，并分享感受。之后，允许服刑人员将各自的卡片带回，各自保管，如可以放在监舍的显眼位置等，象征着在今后的生活中，团体内的精神与温暖将会一直与之相伴
目的：通过身体接触、音乐引导带来温暖与力量，使成员在结束前在团体中获得更多的支持 时间：约 20 钟	**活动四：唱出未来** 操作：领导者请大家站立，围成圆圈，将两手搭在两侧组员的肩上，静默 30 秒，然后在领导者的带领下，大家轻轻跟着音乐哼唱《真心英雄》《永远是朋友》《祝福》《隐形的翅膀》这几首歌曲，一首接一首，可以重复哼唱 2—3 遍重，直到大家都能熟悉旋律，并在旋律中自由摇摆。使全体组员在一个充满温馨甜蜜而有凝聚力的情境中告别本次团体辅导，留下一个美好的、象征性的记忆，使之能更有力量与信心迎接未来的生活

三、实施方式

以小组形式进行，每组确定领导者，各组领导者（组长）配合教师下发的任务领导组员进行团体活动，教师要注意各个组完成任务的情况，并根据情况给予指导说明。

附录　相关常用量表

本部分收录了心理辅导工作中常用到的 11 个量表，可作为开展服刑人员团体心理辅导工作中进行定量化研究的一个辅助工具。研究者还可以根据实际情况，选择其余更具有针对性的量表，以及自行开发更具有行业特色的定量研究工具，另外，定量与定性相结合的研究会使心理工作的研究结果更为科学与全面。

量表一　艾森克人格问卷（EPQ）

艾森克人格问卷（Eysenck Personality Questionnaire，EPQ）由英国心理学家 H. J. 艾森克编制的一种自陈量表。由于 EPQ 具有较高的信度和效度，用其所测得的结果可同时得到多种实验心理学研究的印证，因此它也是验证人格维度理论的根据。中国的艾森克测验由陈仲庚等于 1981 年修订。艾森克人格问卷是目前医学、司法、教育和心理咨询等领域应用最为广泛的问卷之一。

本书选用的是龚耀先教授 1983 年修订的艾森克人格问卷文版，共 85 道题，结果分析方法上发展了 T 分表和各维度的分级方法。

（一）艾森克人格问卷（EPQ）

指导语：请先写下你的姓名______，性别______，出生日期______，职业______，文化程度______，在这份问卷上有 85 个问题，请你依次回答这些问题，答不需要写字，回答问题时不必过多思考，符合你时在内答“是”，不符时答“否”。如果不选择，默认为选择“否”。这些问题要求按自己的实际情况回答，不要去猜测怎样才是正确的回答。因为这不存在正确或错误的回答，也没有捉弄人的问题，将问题的意思看了就尽快回答，不要花很多时间去想。问卷无时间限制，但不要拖太长，也不要未看懂问题便回答。

题号	内容	选择	
		是	否
1	你是否有广泛的爱好？		
2	在做任何事情之前，你是否都要考虑一番？		
3	你的情绪时常波动吗？		
4	当别人做了好事，而周围的人认为是你做的时候，你否感到洋洋得意？		
5	你是一个健谈的人吗？		
6	你曾经无缘无故地觉得自己“可怜”吗？		
7	你曾经有过贪心使自己多得分外的物质利益吗？		
8	晚上你是否小心地把门锁好？		
9	你认为自己活泼吗？		
10	当你看到小孩（或动物）受折磨时是否感到难受？		
11	你是否常担心你会说出（或做出）不应该说或做的事情？		
12	若你说过要做某件事，是否不管遇到什么困难都要把它做成？		
13	在愉快的聚会中你是否通常尽情享受？		
14	你是一位易被激怒的人吗？		
15	你是否有过自己做错了事反倒责备别人的时候？		
16	你喜欢会见陌生人吗？		
17	你是否相信参加储蓄是一种好办法？		
18	你的感情是否容易受到伤害？		
19	你是否服用有奇特效果或是有危险性的药物？		
20	你是否时常感到“极其厌烦”？		
21	你曾多占多得别人的东西（甚至一针一线）吗？		
22	如果条件允许，你喜欢经常外出（旅行）吗？		
23	对你所喜欢的人，你是否为取乐开过过头的玩笑？		
24	你是否常因“自罪感”而烦恼？		
25	你是否有时候谈论一些你毫无所知的事情？		
26	你是否宁愿看些书，而不想去会见别人？		

续表

题　号	内　容	选　择	
		是	否
27	有坏人想要害你吗？		
28	你认为自己“神经过敏”吗？		
29	你的朋友多吗？		
30	你是个忧虑重重的人吗？		
31	你在儿童时代是否立即听从大人的吩咐而毫无怨言？		
32	你是一个无忧无虑逍遥自在的人吗？		
33	有礼貌爱整洁对你很重要吗？		
34	你是否担心将会发生可怕的事情？		
35	在结识新朋友时，你通常是主动的吗？		
36	你觉得自己是个非常敏感的人吗？		
37	和别人在一起的时候，你是否不常说话？		
38	你是否认为结婚是个框框，应该废除？		
39	你有时有点自吹自擂吗？		
40	在一个沉闷的场合，你能给大家增添生气吗？		
41	慢腾腾开车的司机是否使你讨厌？		
42	你担心自己的健康吗？		
43	你是否喜欢说笑话和谈论有趣的事情？		
44	你是否觉得大多数事情对你都是无所谓的？		
45	你小时候是否有过对父母鲁莽无礼的行为？		
46	你喜欢和别人打成一片，整天相处在一起吗？		
47	你失眠吗？		
48	你饭前必定先洗手吗？		
49	当别人问你话时，你是否对答如流？		
50	你是否宁愿有富裕时间，喜欢早点动身去赴约会？		
51	你经常无缘无故感到疲倦和无精打采吗？		
52	在游戏或打牌时你曾经作弊吗？		
53	你喜欢紧张的工作吗？		
54	你时常觉得自己的生活很单调吗？		
55	你曾经为了自己而利用过别人吗？		
56	你是否参加的活动太多，已超过自己可能分配的时间？		
57	是否有那么几个人时常躲着你？		

续表

题　号	内　容	选　择	
		是	否
58	你是否认为人们为保障自己的将来而精打细算、勤俭节约所费的时间太多了？		
59	你是否曾想过去死？		
60	若你确知不会被发现时，你会少付给人家钱吗？		
61	你能使一个联欢会开得成功吗？		
62	你是否尽力使自己不粗鲁？		
63	一件使你为难的事情过去之后，是否使你烦恼好久？		
64	你曾否坚持要照你的想法去办事？		
65	当你去乘火车时，你是否最后一分钟到达？		
66	你是否容易紧张？		
67	你常感到寂寞吗？		
68	你的言行总是一致吗？		
69	你有时喜欢玩弄动物吗？		
70	有人对你或你的工作吹毛求疵时，是否容易伤害你的积极性？		
71	你去赴约会或上班时，曾否迟到？		
72	你是否喜欢在你的周围有许多热闹和高兴的事？		
73	你愿意让别人怕你吗？		
74	你是否有时兴致勃勃，有时却很懒散不想动弹？		
75	你有时会把今天应该做的事拖到明天吗？		
76	别人是否认为你是生气勃勃的？		
77	别人是否对你说过许多谎话？		
78	你是否对有些事情易性急生气？		
79	若你犯有错误你是否愿意承认？		
80	你是一个整洁严谨、有条不紊的人吗？		
81	在公园里或马路上，你是否总是把果皮或废纸扔到垃圾箱里？		
82	遇到为难的事情你是否拿不定主意？		
83	你是否有过随口骂人的时候？		
84	若你乘车或坐飞机外出时，你是否担心会碰撞或出意外？		
85	你是一个爱交往的人吗？		

（二）计　分

1. 计算原始分

每题答案与下表一致计 1 分，不一致计 0 分，得分相加即得到各个量表的原始分。

P 量表		E 量表		N 量表		L 量表	
是	否	是	否	是	否	是	否
19	2	1	26	3		12	4
23	8	5	27	6		31	7
27	10	9		11		48	15
38	17	13		14		68	21
41	33	16		18		79	25
44	50	22		20		81	39
57	62	29		24			45
58	80	32		28			52
65		35		30			55
69		40		34			60
73		43		36			64
77		46		42			71
		49		47			75
		53		51			83
		56		54			
		61		59			
		72		63			
		76		66			
		85		67			
				70			
				74			
				78			
				82			
				84			

2. 原始分转换为标准分

对照下表，将原始分转换为标准 T 分，原始分超过 20 分的，转换为 T 分后都视为 20 分。

原始分	P 量表		E 量表		N 量表		L 量表	
	男	女	男	女	男	女	男	女
20	93	100	73	77	72	69	62	73
19	90	96	71	74	69	67	60	70
18	87	93	68	72	67	65	58	67
17	84	90	66	69	65	63	56	64
16	81	86	64	67	63	61	55	62
15	78	83	62	65	61	59	53	59
14	75	79	59	62	59	57	51	56
13	72	76	57	60	56	54	50	53
12	68	73	55	57	54	52	48	50
11	65	69	52	55	52	50	46	47
10	62	66	50	52	50	48	44	44
9	59	62	48	50	48	46	43	42
8	56	59	46	48	46	44	41	39
7	51	56	43	45	43	42	39	36
6	50	52	41	43	41	39	37	33
5	47	49	39	40	39	37	36	30
4	44	46	37	38	37	35	34	27
3	40	42	34	35	35	33	32	24
2	37	39	32	33	33	31	30	22
1	34	35	30	31	30	29	29	19
0	31	32	27	28	28	26	27	16

（三）结果解释

艾森克人格问卷是由英国心理学教授艾森克及其夫人根据其人格三个维度的理论编制而成。它由三个人格维度和一个效度量表组合而成，分别为：

1. 精神质（P 量表）：测查心理是否正常，测查一些与精神病理有关的人格特质。高分可能具有孤独、不关心他人，难以适应外部环境，不近人情，与人不友好等特征，也可能具有与众极其不同的人格特征，如喜欢奇特的事情，且不顾危险等。如果分数超过 61.5，表示精神质非常明显，在 56.7—61.6 之间为倾向精神质，分数低于 56.7 以下属正常范围。

2. 内外向（E 量表）：测查性格中的内向与外向倾向。高分反映个性外向，具有好交际、热情、冲动等特征，低分则反映个性内向，有好静、稳重、不善言谈等特点。分数超过 61.5，表示典型外向型，分数在 56.7—61.6 之间为外向倾向型，分数在 43.3—56.7 之间为中间型，在 38.5—43.3 之间为内向倾向型，分数低于 38.5，为典型内向型。

3. 神经质（N 量表）：测查情绪的稳定性。高分反映易焦虑、抑郁和有较强烈的情绪反应倾向等特征。分数高于 61.5，表示情绪不稳定，有焦虑、紧张、易怒、睡眠不好、躯体不适等症状，低于 56.7 则表示情绪稳定。

4. 说谎（L 量表）：测查受试的掩饰程度。L 分大于 60 即为无效。

另外，还可以根据 EPQ 的 T 分结果，将 N 维度和 E 维度组合，以 T=50 作为交汇点，进一步区分出：多血质（外向稳定型）、胆汁质（外向不稳定型）、黏液质（内向稳定型）以及抑郁质（内向不稳定型）四种气质类型。

量表二　气质量表

陈会昌气质量表，又称“陈会昌六十气质量表”。是由北京师范大学心理学院发展心理研究所陈会昌教授等编制，共 60 题，每种气质类型 15 题，测量出 4 种气质类型：胆汁质、多血质、黏液质和抑郁质。他们的研究结果表明，多数人的气质是两种气质的混合型，典型气质和三种气质混合型的人很少。根据业内专家鉴定，该量表近 10 年来的使用效果良好。

（一）气质量表

题号	内　容	选　项				
		非常符合	比较符合	拿不准	比较不符合	完全不符合
1	做事力求稳妥，不做无把握的事					
2	遇到可气的事就怒不可遏，想把心里话全说出来才痛快					
3	宁肯一个人干事，不愿很多人在一起					
4	到一个新环境很快就能适应					
5	厌恶那些强烈的刺激，如尖叫、噪声、危险的镜头等					
6	和人争吵时，总是先发制人，喜欢挑衅					
7	喜欢安静的环境					
8	喜欢和人交往					
9	羡慕那种能克制自己感情的人					
10	生活有规律，很少违反作息制度					
11	在多数情况下情绪是乐观的					
12	碰到陌生人觉得很拘束					
13	遇到令人气愤的事，能很好地自我克制					
14	做事总是有旺盛的精力					
15	遇到问题常常举棋不定，优柔寡断					
16	在人群中从不觉得过分拘束					
17	情绪高昂时，觉得干什么都有趣					
18	当注意力集中于一件事时，别的事很难使我分心					
19	理解问题总比别人快					
20	碰到危险情境，常有一种极度恐怖感					
21	对学习、工作、事业怀有很高的热情					
22	能够长时间做枯燥、单调的工作					
23	符合兴趣的事情，干起来劲头十足，否则就不想干					
24	一点小事就能引起情绪波动					

续表

题号	内　容	选　项				
		非常符合	比较符合	拿不准	比较不符合	完全不符合
25	讨厌做那种需要耐心、细致的工作					
26	与人交往不卑不亢					
27	喜欢参加热烈的活动					
28	爱看感情细腻、描写人物内心活动的文学作品					
29	工作、学习时间长了，常感到厌倦					
30	不喜欢长时间谈论一个问题，愿意实际动手干					
31	宁愿侃侃而谈，不愿窃窃私语					
32	别人说我总是闷闷不乐					
33	疲倦时只要短暂的休息就能精神抖擞，重新投入工作					
34	理解问题常比别人慢些					
35	心里有话宁愿自己想，不愿说出来					
36	认准一个目标就希望尽快实现，不达目的，誓不罢休					
37	学习、工作同样一段时间后，常比别人更疲倦					
38	做事有些莽撞，常常不考虑后果					
39	老师或师傅讲授新知识、技术时，总希望他讲慢些，多重复几遍					
40	能够很快地忘记那些不愉快的事情					
41	做作业或完成一件工作总比别人花的时间多					
42	喜欢运动量大的剧烈体育活动，或参加各种文娱活动					
43	不能很快地把注意力从一件事转移到另一件事上去					
44	接受一个任务后，希望把它迅速完成					
45	认为墨守成规比冒风险强些					
46	能够同时注意几件事物					

续表

题号	内　容	选　项				
		非常符合	比较符合	拿不准	比较不符合	完全不符合
47	当我烦闷的时候，别人很难使我高兴起来					
48	爱看情节起伏跌宕、激动人心的小说					
49	对工作抱认真严谨、始终一贯的态度					
50	和周围人们的关系总是相处不好					
51	喜欢复习学过的知识，重复做已经掌握的工作					
52	喜欢做变化大、花样多的工作					
53	小时候会背的诗歌，我似乎比别人记得清楚					
54	别人说我“出语伤人”，可我并不觉得这样					
55	在体育活动中，常因反应慢而落后					
56	反应敏捷，头脑机智					
57	喜欢有条理而不甚麻烦的工作					
58	兴奋的事常使我失眠					
59	老师讲新概念，常常听不懂，但是弄懂以后就很难忘记					
60	假如工作枯燥无味，马上就会情绪低落					

（二）计分与结果解释

气质类型	所含题目编号
胆汁质	2，6，9，14，17，21，27，31，36，38，42，48，50，54，58
多血质	4，8，11，16，19，23，25，29，34，40，44，46，52，56，60
黏液质	1，7，10，13，18，22，26，30，33，39，43，45，49，55，57
抑郁质	3，5，12，15，20，24，28，32，35，37，41，47，51，53，59

陈会昌气质量表为自陈形式，计分采取数字等级制，即非常符合 +2，比较符合计 +1，拿不准的计 0，比较不符合计 –1，完全不符合计 –2。分别把属于每一种类型的题的分数相加，得出的和即为该类型的得分。

最后的评分标准是：如果某种气质得分明显高出其他三种（均高出4分以上），则可定为该种气质；如两种气质得分接近（差异低于3分）而又明显高于其他两种（高出4分以上），则可定为二种气质的混合型；如果三种气质均高于第四种的得分且相接近，则为三种气质的混合型。由此可能具有13种类型：（1）胆汁；（2）多血；（3）黏液；（4）抑郁；（5）胆汁—多血；（6）多血—黏液；（7）黏液—抑郁；（8）胆汁—抑郁；（9）胆汁—多血—黏液；（10）多血—黏液—抑郁；（11）胆汁—多血—抑郁；（12）胆汁—黏液—抑郁；（13）胆汁—多血—黏液—抑郁。

量表三　心理类型量表（MBTI）

心理类型量表，全名梅彼类型指标人格量表（Myers-Briggs Type Indicator personality inventory，简称MBTI），是在国外广泛应用的人格类型量表，目前MBTI在美国和世界其他国家成为最为广泛使用的测量手段之一，并被广泛应用于心理咨询与治疗、职业指导、婚姻咨询等领域。从1975年至今，已经有超过3000万人接受过MBTI的类型分析。

（一）心理类型量表（MBTI）

姓名：__________　　性别：__________　　年龄：__________

职务：__________　　文化程度：__________

您对您的工作：

1.很不满意　2.不满意　3.有一点不满意　4.有一点满意　5.满意　6.很满意

指导语：本问卷各问题是用于揭示你是如何看待事物以及如何做决定的，答案无好坏之分，问卷结果有助于你了解自己的职业倾向、个性特征、人际相处的特征。请仔细阅读每一个问题，答案直接写在题目上面。不必对问题想得太多，根据第一感觉回答即可。

第一部分

哪一个答案最接近地描述了你通常的思考和行为方式：

1	当你某日要去某个地方，你会__________	
	A 计划好将要做的事情以及何时做	B 什么都不想就去
2	如果你是一个老师，你愿教__________	
	A 涉及事实的课程	B 涉及理论的课程
3	你通常是__________	
	A 一个善于交际的人	B 安静缄默的人
4	你喜欢__________	
	A 事先安排好约会、聚会等	
	B 只要时机恰当就无拘无束地做任何有趣的事	
5	通常和__________的人相处得更好	
	A 想象力丰富的人	B 现实的
6	往往，你是__________	
	A 情感驾驭理智	B 理智驾驭情感
7	当你和一群人在一起的时候，你会__________	
	A 参加大家的谈话	B 只同你熟悉的人单独谈话
8	你更喜欢__________做多数事情	
	A 即兴地	B 有计划地
9	你愿意自己被认为是一个__________	
	A 善于动手的人	B 善于创意的人
10	在大群体中，你常更多地__________	
	A 介绍别人	B 由别人来介绍你
11	你更喜欢__________	
	A 头脑灵活的人	B 务实且有丰富知识的人
12	按日程表办事__________	
	A 正合你意	B 束缚了你
13	你感觉别人要花费__________	
	A 很久来了解你	B 一小段时间来了解你
14	对于制订周末计划，你觉得__________	
	A 很有必要	B 没必要
15	被称为__________是更高的赞赏	
	A 感性的人	B 一贯理性的人

续表

16	多数时候，你倾向于________ A 独处	B 同他人在一起
17	日常工作中，你喜欢________ A 在时间紧迫的情况下争分夺秒地工作 B 通常先安排好工作并加以完成，以免压力过大	
18	你愿把________作为朋友 A 常有新观点的人	B 脚踏实地的人
19	你能否________ A 只要愿意就能轻松地同几乎任何人说个没完 B 只能在特定场合下或同特定的人才愿意讲很多话	
20	当有一项特殊的工作时，你会________ A 在开始前精心组织策划	B 在工作过程中找到必要的环节
21	你更倾向于________ A 感性地做事	B 依逻辑行事
22	当你为了消遣而阅读时，你________ A 欣赏奇特新颖的表达方式	B 喜欢作者确切地表达其意思
23	你新认识的人________说出你的兴趣所在 A 马上就能	B 只有当他们理解了你之后
24	在计划一次旅行时，你更喜欢________ A 在多数情况下随心所欲地行事 B 事先就知道自己在大部分日子所将要做的事情	
25	做多数人都会做的事情时，你喜欢________ A 按惯例做	B 按自己独创的方式做
26	多数人认为你________ A 不太把自己的事情告诉别人	B 非常坦率

第二部分

在以下各对词中，你更倾向于哪一个。考虑以下这些词的意思，而不是它们好不好听或好不好看。

27. A 抽象　　　　B 实在

28. A 有计划　　　　B 随意

29. A 温柔	B 坚硬
30. A 事实	B 观点
31. A 思考	B 感觉
32. A 热情	B 安静
33. A 晓之以理	B 动之以情
34. A 陈述	B 观念
35. A 分析	B 认同
36. A 系统的	B 自发的
37. A 敏感	B 合理
38. A 缄默	B 健谈
39. A 事实的	B 理论
40. A 同情怜悯	B 深谋远虑
41. A 系统	B 随机
42. A 文静	B 开朗
43. A 利益	B 祝福
44. A 推测	B 确定
45. A 坚决	B 热忱
46. A 理想	B 现实
47. A 意志坚强	B 悲慈心肠
48. A 想象的	B 事实的
49. A 客观的	B 易动情的
50. A 制作	B 创造
51. A 热情	B 客观
52. A 实用的	B 迷人的
53. A 有同情心的	B 有逻辑头脑
54. A 制造	B 设计
55. A 冲动	B 决定
56. A 公正的	B 体谅的
57. A 文静	B 爱交际的

58. A 理性　　B 感性
59. A 不受限制的　　B 安排好的
60. A 详细的　　B 概括
61. A 注重实际的　　B 感情丰富的
62. A 公开的　　B 私人的
63. A 建造　　B 发明
64. A 有序的　　B 随便的
65. A 想象的　　B 现实的
66. A 称职的　　B 好心的
67. A 理论的　　B 事实的
68. A 少许朋友　　B 很多朋友
69. A 可能性　　B 必然性
70. A 宽容　　B 坚定
71. A 新颖的　　B 已知的
72. A 温和　　B 力量
73. A 切实　　B 创新

第三部分

哪一个答案最接近地描述了你通常的思考和行为方式

74	你觉得被许多人围着__________ A 让你感到更有精神	 B 常让你精力衰竭
75	做决定时，对于你来说最重要的是__________ A 权衡事实	 B 考虑人们的感受和观点
76	通常你更喜欢__________ A 提前安排好业余活动	 B 即兴地做事情
77	在聚会中，你__________ A 有时觉得无趣	 B 总是玩得很开心
78	多数情况下，你更喜欢__________ A 顺其自然	 B 按日程表办事
79	你通常__________ A 同大家打成一片	 B 倾向于独处

续表

80	你喜欢________ A 看清事态如何发展再做计划　　B 事先很早就做好准备
81	别人________了解你 A 很容易　　B 很难
82	通常你更喜欢上涉及________的课程 A 概念和原则　　B 具体内容
83	在聚会中，你________ A 自己聊得多　　B 听别人聊得多
84	你自己觉得自己更偏向于是一个________ A 自发性的人　　B 有组织性的人
85	你________ A 只同那些和自己有共同兴趣的人才能长时间交谈 B 只要愿意，就能和几乎任何一个人谈个没完
86	当你开始了一项必须在一周内完成的大项目时，你会________ A 花时间列出所要做的事情及其先后顺序 B 直接开始
87	被称为________是更高的赞赏 A 有竞争力　　B 富有同情心
88	你觉得按计划行事________ A 有时必要，但令人不爽　　B 多数时候是有帮助的、适宜的
89	你愿在________的老师（老板）手下工作（学习） A 脾气好、但是前后不一致　　B 对人严厉、但有条理
90	总的来说，要完成一项重大任务，你倾向于________ A 边做边思考必须完成的事　　B 开始先确定每一个步骤
91	在社交场合中，你通常觉得________ A 同某些人很难开展和维持长时间的谈话　B 很容易同大多数人长时间谈话
92	你喜欢的处事方式是________ A 坚持那些已经有效的做法　　B 分析那些仍有错并挑战未解决的问题
93	你更喜欢按照________做大多数事情？ A 当天的感觉　　B 已定的日程表

(二)MBTI 的评分

MBTI 量表共分为四个维度:

知觉/判断	项目:1、4、12、14、20、28、36、41、64、76、86 选择 A,判断得 1 分 项目:8、17、24、55、59、78、80、84、88、90、93 选择 B,判断得 1 分 项目:1、4、12、14、20、28、36、41、64、76、86 选择 B,判断得 1 分 项目:8、17、24、55、59、78、80、84、88、90、93 选择 A,判断得 1 分
思维/情感	项目:31、33、35、43、45、47、49、56、58、61、66、75、87 选择 A,思维得 1 分 项目:6、15、21、29、37、40、51、53、70、72、89 选择 B,思维得 1 分 项目:31、33、35、43、45、47、49、56、58、61、66、75、87 选择 B,情感得 1 分 项目:6、15、21、29、37、40、51、53、70、72、89 选择 A,情感得 1 分
感觉/直觉	项目:2、9、25、30、34、39、50、52、54、60、63、73、92 选择 A,感觉得 1 分 项目:5、11、18、22、27、44、46、48、65、67、69、71、82 选择 B,感觉得 1 分 项目:2、9、25、30、34、39、50、52、54、60、63、73、92 选择 B,直觉得 1 分 项目:5、11、18、22、27、44、46、48、65、67、69、71、82 选择 A,直觉得 1 分
外倾/内倾	项目:3、7、10、19、23、32、62、74、79、81、83 选择 A,外倾得 1 分 项目:13、16、26、38、42、57、68、77、85、91 选择 B,外倾得 1 分 项目:3、7、10、19、23、32、62、74、79、81、83 选择 B,内倾得 1 分 项目:13、16、26、38、42、57、68、77、85、91 选择 A,内倾得 1 分
如果有些维度出现分数太接近,可用如下方式来转换: “外倾/内倾”=(内倾-外倾)/21*10(正分为内倾 I,负分为外倾 E) “感觉/直觉”=(感觉-直觉)/26*10(正分为感觉 S,负分为直觉 N) “思考/情感”=(思考-情感)/24*10(正分为思考 T,负分为情感 F) “知觉/判断”=(知觉-判断)/22*10(正分为知觉 P,负分为判断 J)	

(三)结果解释

外倾 E—内倾 I(心理能量的流向)	外倾(E):在外倾的态度中,心理能量和注意是向外流动的,是指向外在环境中的客体的。个体着重外在世界,因注意外在事情而获得动力
	内倾(I):在内倾的态度中,心理能量是从外部环境向内流动的,指向个体的内在经验与反应。个体着重内在世界,因内省、感觉而获得动力

续表

感觉 S—直觉 N（吸收信息）	感觉（S）：偏好感觉的个体倾向于通过视觉、听觉、触觉、味觉和嗅觉这 5 种方式来获得信息，个体表现为注重现在的事实与具体观点
	直觉（N）：偏好直觉的个体倾向于感知的可能性、事物之间的关系，注重事物的未来发展
思维 T—情感 F（加工信息）	思维（T）：根据对客观事实的分析，来做出决定，注重公平原则
	情感（F）：在做出判断时，倾向于从个人感觉出发，注重事物对自身的价值与喜好
判断 J—知觉 P（对外的处事风格）	判断（J）：喜欢有条理的生活，实践计划时，以目标为本。通过思考或情感（T 或 F）来对外界做出反应
	感知（P）：不介意突发事情，喜欢弹性生活，注重过程而非目标
根据四个维度不同的偏好组合，可产生 16 种不同的人格类型。 ISTP、ISFP、INFP、INTP、ESTP、ESFP、ENFP、ENTP、ESTJ、ESFJ、ENFJ、ENTJ、ISTJ、ISFJ、INFJ、INTJ	

量表四 90 项症状自评量表（SCL-90）

90 项症状清单（Symptom Checklist90，SCL—90），又名症状自评量表（Self-reporting Inventory）也叫 Hopkin's 症状清单（HSCL），现版本由 Derogatis 编制于 1973 年。SCL—90 在国外应用甚广，本量表共有 90 个项目，包含较广泛的精神症状学内容，从感觉、情感、思维、意识、行为直至生活习惯、人际关系、饮食睡眠等，均有涉及。

（一）90 项症状自评量表

请被测认真、如实地根据自己在本周内的机体状况和实际感受度，恰如其分地选一格打"√"。被测应专注而无须字斟句酌，一般在 20 分钟即可完成。

指导语：以下表格中列出了有些人的病痛或问题，请您仔细阅读每一条，然后根据最近一周内的实际情况，影响您的实际感觉或使您感到苦恼的程度，在五个方格中选择一个，在其中画一个"√"，请不要漏掉问题！

题　项	没　有	很　轻	中　度	偏　重	严　重
1.头痛					
2.神经过敏，心中不踏实					
3.头脑中有不必要的想法或字句盘旋					
4.头昏或昏倒					
5.对异性的兴趣减退					
6.对旁人责备求全					
7.感到别人能控制你的思想					
8.责怪别人制造麻烦					
9.忘记性大					
10.担心自己的衣饰整齐及仪态的端正					
11.容易烦恼和激动					
12.胸痛					
13.害怕空旷的场所或街道					
14.感到自己的精力下降，活动减慢					
15.想结束自己的生命					
16.听到旁人听不到的声音					
17.发抖					
18.感到大多数人都不可信任					
19.胃口不好					
20.容易哭泣					
21.同异性相处时感到害羞不自在					
22.感到受骗，中了圈套或有人想抓您					
23.无缘无故地突然感到害怕					
24.自己不能控制地大发脾气					
25.怕单独出门					
26.经常责怪自己					
27.腰痛					
28.感到难以完成任务					

续表

题　项	没　有	很　轻	中　度	偏　重	严　重
29. 感到孤独					
30. 感到苦闷					
31. 过分担忧					
32. 对事物不感兴趣					
33. 感到害怕					
34. 我的感情容易受到伤害					
35. 旁人能知道您的私下想法					
36. 感到别人不理解您，不同情您					
37. 感到人们对你不友好，不喜欢你					
38. 做事必须做得很慢以保证做得正确					
39. 心跳得很厉害					
40. 恶心或胃部不舒服					
41. 感到比不上他人					
42. 肌肉酸痛					
43. 感到有人在监视您、谈论您					
44. 难以入睡					
45. 做事必须反复检查					
46. 难以做出决定					
47. 怕乘电车、公共汽车、地铁或火车					
48. 呼吸有困难					
49. 一阵阵发冷或发热					
50. 因为感到害怕而避开某些东西、场合或活动					
51. 脑子变空了					
52. 身体发麻或刺痛					
53. 喉咙有梗塞感					
54. 感到对前途没有希望					
55. 不能集中注意力					

续表

题　项	没　有	很　轻	中　度	偏　重	严　重
56.感到身体的某一部分软弱无力					
57.感到紧张或容易紧张					
58.感到手或脚发沉					
59.想到有关死亡的事					
60.吃得太多					
61.当别人看着您或谈论您时感到不自在					
62.有一些不属于您自己的想法					
63.有想打人或伤害他人的冲动					
64.醒得太早					
65.必须反复洗手、点数目或触摸某些东西					
66.睡得不稳不深					
67.有想摔坏或破坏东西的冲动					
68.有一些别人没有的想法或念头					
69.感到对别人神经过敏					
70.在商店或电影院等人多的地方感到不自在					
71.感到任何事情都很难做					
72.一阵阵恐惧或惊恐					
73.感到在公共场合吃东西很不舒服					
74.经常与人争论					
75.单独一人时神经很紧张					
76.别人对您的成绩没有做出恰当的评价					
77.即使和别人在一起也感到孤单					
78.感到坐立不安心神不宁					

续表

题 项	没 有	很 轻	中 度	偏 重	严 重
79. 感到自己没有什么价值					
80. 感到熟悉的东西变成陌生或不像是真的					
81. 大叫或摔东西					
82. 害怕会在公共场合昏倒					
83. 感到别人想占您的便宜					
84. 为一些有关“性”的想法而很苦恼					
85. 认为应该因为自己的过错而受到惩罚					
86. 感到要赶快把事情做完					
87. 感到自己的身体有严重问题					
88. 从未感到和其他人很亲近					
89. 感到自己有罪					
90. 感到自己的脑子有毛病					

（二）计 分

1. 评分标准

每一个项目均采取 5 级评分制，从左到右依次为 1–5 分，具体说明如下：

1. 没有	自觉无该项症状（问题）
2. 很轻	自觉有该项症状，但对受检者并无实际影响，或影响轻微
3. 中度	自觉有该项症状，对受检者有一定影响
4. 偏重	自觉常有该项症状，对受检者有相当程度的影响
5. 严重	自觉该症状的频度和强度都十分严重，对受检者的影响严重

2. 统计指标

（1）总分：即 90 个项目各单项得分的总和

总均分	总均分（总症状指数）= 总分 /90； 它表示从总的来看被测者处于 1—5 的哪一个范围
阳性项目数	指评为 2—5 分的项目数； 它表示被测者在少项目中呈现“有症状”
阴性项目数	指评为 1 分的项目数； 它表示被测“无症状”项目的多少
阳性症状均分	阳性症状均分 =（总分—阴性项目数）/ 阳性项目数； 它表示被测在所谓阳性项目有症状项目的平均得分，可据此判断出被测者自我感觉不佳的程度

（2）因子分

因子分 = 组成某一因子的各项目总分 / 组成某一因子的项目数。

1. 躯体化 （Somatization）	包括 1、4、12、27、40、42、48、49、52、53、56 和 58，共 12 项。该因子主要反映主观的躯体不适感，包括心血管、胃肠道、呼吸等系统的主述不适，以及头疼、背痛、肌肉酸痛和焦虑等其他躯体表现
2. 强迫症状 （obsessive—compulsive）	包括 3、9、10、28、38、45、46、51、55 和 65，共 10 项。它与临床强迫症表现的症状、定义基本相同。主要指那种明知没有必要，但又无法摆脱的无意义的思想、冲动、行为等表现；还有一些比较一般的感知障碍，如脑子“变空”了，“记忆力不好”等，也在这一因子中反映出来
3. 人际关系敏感 （interpersonal-sensitivity）	包括 6、21、34、36、37、41、61、69 和 73，共 9 项。它主要指某些个人不自在感和自卑感，尤其是在与他人相比较时更突出。自卑、懊丧以及在人际关系中明显相处不好的人，往往是这一因子获高分的对象
4. 抑郁 （depression）	包括 5、14、15、20、22、26、29、30、31、32、54、71 和 79，共 13 项。它反映的是与临床上抑郁症状群相联系的广泛的概念。抑郁苦闷的感情和心境是代表性症状，还以对生活的兴趣减退、缺乏活动愿望、丧失活动力等为特征，并包括失望、悲观、与抑郁相联系的其他感知及躯体方面的问题。该因子中有几个项目包括了死亡、自杀等概念
5. 焦虑 （anxiety）	包括 2、17、23、33、39、57、72、78、80 和 86，共 10 个项目。它包括一些通常在临床上明显与焦虑症状相联系的精神症状及体验，一般指那些无法静息、神经过敏、紧张以及由此而产生的躯体征象，那种游离不定的焦虑及惊恐发作是本因子的主要内容，还包括一个反映“解体”的项目

续表

6. 敌对 （hostility）	包括 11、24、63、67、74 和 81，共 6 项。主要从思维、情感及行为三方面来反映受检者的敌对表现。其项目包括从厌烦、争论、摔物直至争斗和不可抑制的冲动爆发等各个方面
7. 恐怖 （phobia anxiety）	包括 13、25、47、50、70、75 和 82，共 7 项。它与传统的恐怖状态或广场恐怖所反映的内容基本一致。引起恐怖的因素包括出门旅行，空旷场地、人群、公共场合及交通工具等。此外，还有反映社交恐怖的项目
8. 偏执 （paranoid ideation）	包括 8、18、43、68、76 和 83，共 6 项。偏执是一个十分复杂的概念。本因子只是包括了一些基本内容，主要指思维方面，如投射性思维、敌对、猜疑、关系妄想、被动体验与夸大等
9. 精神病性 （psychoticism）	包括 7、16、35、62、77、84、85、87、88 和 90，共 10 项。其中有幻听、思维播散、被控制感、思维被插入等反映精神分裂样症状的项目
10. 其他	包括 19、44、59、60、64、66 及 89 共 7 个项目；主要反映睡眠及饮食情况

（三）结果解释

按全国常模结果，总分超过 160 分，或阳性显目数超过 43 项，或任意因子分超过 2 分，可考虑筛选阳性，需进一步检查。

量表五　焦虑自评量表（SAS）

焦虑自评量表（SAS）本量表由 Zung 于 1971 年编制，从量表构造形式到具体评定方法，都与抑郁自评量表（SDS）十分相似，用于评定焦虑病人的主感受。SAS 是一种分析病人主观症状的相当简便的临床工具，它能够较为准确地反映有焦虑倾向的精神病患者和普通人的主观感受。近年来，SAS 已作为咨询门诊中了解焦虑症状的一种自评工具，有非常广泛的适用性。

（一）焦虑自评量表

指导语：下面有20条文字，请仔细阅读每一条，把意思弄明白，然后根据您最近一星期的实际情况在适当的方格里划“√”，每一条文字后有四个选项，表示：A没有或很少时间；B小部分时间；C相当多时间；D绝大部分或全部时间。

1. 我觉得比平时容易紧张或着急　A□ B□ C□ D□
2. 我无缘无故地感到害怕　A□ B□ C□ D□
3. 我容易心里烦乱或感到惊恐　A□ B□ C□ D□
4. 我觉得我可能将要发疯　A□ B□ C□ D□
*5. 我觉得一切都很好，也不会发生什么不幸　A□ B□ C□ D□
6. 我手脚发抖打战　A□ B□ C□ D□
7. 我因为头疼、颈痛和背痛而苦恼　A□ B□ C□ D□
8. 我觉得容易衰弱和疲乏　A□ B□ C□ D□
*9. 我觉得心平气和，并且容易安静坐着　A□ B□ C□ D□
10. 我觉得心跳得很快　A□ B□ C□ D□
11. 我因为一阵阵头晕而苦恼　A□ B□ C□ D□
12. 我有晕倒发作，或觉得要晕倒似的　A□ B□ C□ D□
*13. 我吸气呼气都感到很容易　A□ B□ C□ D□
14. 我的手脚麻木和刺痛　A□ B□ C□ D□
15. 我因为胃痛和消化不良而苦恼　A□ B□ C□ D□
16. 我常常要小便　A□ B□ C□ D□
*17. 我的手脚常常是干燥温暖的　A□ B□ C□ D□
18. 我脸红发热　A□ B□ C□ D□
19. 我容易入睡并且一夜睡得很好　A□ B□ C□ D□
20. 我做噩梦　A□ B□ C□ D□

（二）计　分

<table>
<tr><td rowspan="2">正向计分题</td><td>题号：1、2、3、4、6、7、8、10、11、12、14、15、16、18、20</td></tr>
<tr><td>A、B、C、D 按 1、2、3、4 分计</td></tr>
<tr><td rowspan="2">反向计分题</td><td>题号：5、9、13、17、19</td></tr>
<tr><td>A、B、C、D 按 4、3、2、1</td></tr>
<tr><td colspan="2">将各题的得分相加为粗分，粗分乘以 1.25，四舍五入取整数即得到标准分</td></tr>
</table>

（三）结果解释

分值越小越好，分值越高，焦虑倾向越明显。临界值为 T 分 50，其中 50—59 分为轻度焦虑，60—69 分为中度焦虑，70 分以上为重度焦虑。

量表六　抑郁自评量表（SDS）

抑郁自评量表（SDS）抑郁自评量表英文名称为 Self-Rating Depression Scale，由 William W.K - Zung 于 1965 年编制，为美国教育卫生福利部推荐的用于精神药理学研究的量表之一，本测验短程自评量表，操作方便，容易掌握，应用范围颇广，适用于各种职业、文化阶层及年龄段的常人或各类精神病人，包括青少年病人、老年病人和神经症病人，特别适用于综合医院及早发现抑郁症病人。但如受试者文化程度较低或智力水平稍差则不能进行自评。目前在各大医院中被广泛使用。

（一）抑郁自评量表

指导语：下面有 20 条文字，请仔细阅读每一条，把意思弄明白，然后根据您最近一星期的实际情况在适当的方格里划"√"，每一条文字后有四个选项，分别表示：（施测时间建议：5—10 分钟）

A. 没有或很少时间（过去一周内，出这类情况的日子不超过一天）；

B. 小部分时间（过去一周内，有 1 天有过这类情况）；

C. 相当多时间（过去一周内，3—4 天有过这类情况）；

D. 绝大部分或全部时间（过去一周内，有 5—7 天有过这类情况）。

1. 我感到情绪沮丧，郁闷 A □ B □ C □ D □
2. 我感到早晨心情很好 A □ B □ C □ D □
3. 我要哭或想哭 A □ B □ C □ D □
4. 我夜间睡眠不好 A □ B □ C □ D □
*5. 我吃饭像平常一样多 A □ B □ C □ D □
*6. 我性功能正常 A □ B □ C □ D □
7. 我感到体重减轻 A □ B □ C □ D □
8. 我为便秘而烦恼 A □ B □ C □ D □
9. 我的心跳比平时快 A □ B □ C □ D □
10. 我无缘无故感到疲劳 A □ B □ C □ D □
*11. 我的头像往常一样不感到困难 A □ B □ C □ D □
*12. 我做事像平时一样不感到困难 A □ B □ C □ D □
13. 我坐卧不安，难以保持平静 A □ B □ C □ D □
*14. 我对未来感到有希望 A □ B □ C □ D □
15. 我比平时更容易激怒 A □ B □ C □ D □
*16. 我觉得决定什么事很容易 A □ B □ C □ D □
*17. 我感到自己是有用的和不可缺少的人 A □ B □ C □ D □
*18. 我的生活很有意义 A □ B □ C □ D □
19. 假如我死了别人会比我过得更好 A □ B □ C □ D □
*20. 我仍旧喜爱自己平时喜爱的东西 A □ B □ C □ D □

（二）计　分

<table>
<tr><td rowspan="2">正向计分题</td><td>题号：1、3、4、7、8、9、10、13、15、19</td></tr>
<tr><td>A、B、C、D 按 1、2、3、4 分计</td></tr>
<tr><td rowspan="2">反向计分题</td><td>题号：2、5、6、11、12、14、16、17，18、20</td></tr>
<tr><td>A、B、C、D 按 4、3、2、1</td></tr>
<tr><td colspan="2">将各题的得分相加为粗分，粗分乘以 1.25，四舍五入取整数即得到标准分</td></tr>
</table>

（三）结果解释

分值越小越好，标准分正常上限参考值为 53 分。标准总分 53—62 为轻度抑 63—72 为中度抑郁，72 分以上为重度抑郁

量表七　状态—特质焦虑量表（STAT）

（一）状态—特质焦虑量表

状态—特质焦虑问卷（State-Trait Anxiety Inventory，STAI），由 Charles Spielberger 于 1977 年编制，并于 1983 年修订。为自我评价问卷，其特点是简便，效度高，易于分析，能相当直观地反映焦虑病人的主观感受，尤其是能将当前（状态焦虑）和一贯（特质焦虑）区分开来。前者描述一种不愉快的、短期的情绪体验，如紧张、恐惧、忧虑等，常伴有植物神经系统功能亢进。后者则用来描述相对稳定的，作为一种人格特征且具有个体差异的焦虑倾向。通过分别评定状态焦虑和特质焦虑问卷，可区别短暂的情绪焦虑状态和人格特质性焦虑倾向，为不同的研究目的和临床实践服务。不但可以评估焦虑病人，也适合于精神卫生调查。本调查表共 40 个项目。由受试者自我评定来完成，受试者根据指导与逐题圈出答案，一般需要具有初中以上文化水平，可用于个人或集体测试。本量表无时间限制，一般 10—20 分钟完成。

指导语：下面列出的是一些人们常常用来描述他们自己的陈述，请阅读每一个陈述，然后在右边适当的圈上打勾来表示你现在最恰当的感觉，也就是你此时此刻最恰当的感觉。没有对或错的回答，不要对任何一个陈述花太多的时间去考虑，但所给的回答应该是你现在最恰当的感觉。

	完全没有	有些	中等程度	非常明显
*1. 我感到心情平静	①	②	③	④
*2. 我感到安全	①	②	③	④
3. 我是紧张的	①	②	③	④
4. 我感到紧张束缚	①	②	③	④
*5. 我感到安逸	①	②	③	④
6. 我感到烦乱	①	②	③	④
7. 我现在正烦恼，感到这种烦恼超过了可能的不幸	①	②	③	④
*8. 我感到满意	①	②	③	④
9. 我感到害怕	①	②	③	④
*10. 我感到舒适	①	②	③	④
*11. 我有自信心	①	②	③	④
12. 我觉得神经过敏	①	②	③	④
13. 我极度紧张不安	①	②	③	④
14. 我优柔寡断	①	②	③	④
*15. 我是轻松的	①	②	③	④
*16. 我感到心满意足	①	②	③	④
17. 我是烦恼的	①	②	③	④
18. 我感到慌乱	①	②	③	④
*19. 我感觉镇定	①	②	③	④
*20. 我感到愉快	①	②	③	④
*21. 我感到愉快	①	②	③	④
22. 我感到神经过敏和不安	①	②	③	④
*23. 我感到自我满足	①	②	③	④
*24. 我希望能像别人那样高兴	①	②	③	④
25. 我感到我像衰竭一样	①	②	③	④
*26. 我感到很宁静	①	②	③	④
*27. 我是平静的、冷静的和泰然自若的	①	②	③	④
28. 我感到困难——堆集起来，因此无法克服	①	②	③	④

续表

	完全没有	有些	中等程度	非常明显
29. 我过分忧虑一些事，实际这些事无关紧要	①	②	③	④
*30. 我是高兴的	①	②	③	④
31. 我的思想处于混乱状态	①	②	③	④
32. 我缺乏自信心	①	②	③	④
*33. 我感到安全	①	②	③	④
*34. 我容易做出决断	①	②	③	④
35. 我感到不合适	①	②	③	④
*36. 我是满足的	①	②	③	④
37. 一些不重要的思想总缠绕着我，并打扰我	①	②	③	④
38. 我产生的沮丧是如此强烈，以致我不能从思想中排除它们	①	②	③	④
*39. 我是一个镇定的人	①	②	③	④
40. 当我考虑我目前的事情和利益时，我就陷入紧张状态	①	②	③	④

（二）计　分

1.STAI 含两个分量表：状态焦虑问卷（S-AI）和特质焦虑问卷（T-AI），各有 20 项。S-AI（第 1—20 项）中，半数为描述负性情绪的条目，半数为正性情绪条目。主要用于评定即刻的或最近某一特定时间或情景的恐惧、紧张、忧虑和神经质的体验或感受。可用来评价应激情况下的状态焦虑。T-AI（第 21—40 项）中，11 项为描述负性情绪条目，9 项为正性情绪条目。用于评定人们经常的情绪体验。

2.STAI 每项均为 1——4 级评分。S-AI 的分级标准为：1——完全没有，2——有些，3——中等程度，4——非常明显。T-AI 的分级标准为：1——几乎没有，2——有些，3——经常，4——几乎总是如此。凡正性情绪项目（1、2、5、8、10、11、15、16、19、20、21、23、24、26、27、30、33、34、36、39 项，在计分单上标 * 号）均为反向计分，即按上述顺序依次评为 4、3、2、1 分。如此设计的目的是使问卷本身心理诱导作用降到最低限度，自动纠正自评者夸大或缩小其主观感觉的倾向。

（三）结果解释

1. Spielberger 在测试了美国 1838 例正常成人后，制定了按性别、年龄的常模，下表为 95 百分位值，超过该值可认为是异常。

表 STAI 的美国正常人常模结果（95 百分位数）

	19—39 岁		40—49 岁		50—69 岁	
	男	女	男	女	男	女
特性总分	53	55	51	53	50	43
状态总分	56	57	55	58	52	47

2. 北医大精神卫生研究所与长春第一汽车公司职工医院精神科合作，在长春地区和北京分别对正常人群与抑郁症病人进行了 STAI 中译版的测试。结果为：

（1）正常人群 S-AI 总分平均为男性（375 例）39.71 ± 8.89，女性（443 例）38.97 ± 8.45；T-AI 总分平均为男性 41.11 ± 7.74，女性 41.31 ± 7.54；抑郁症组（50 例）S-AI 平均为 57.22 ± 10.48，T-AI 平均为 46.22 ± 26.22，明显高于正常人群。

（2）各年龄组的 S-AI 评分无明显差异；T-AI 评分以 50—55 岁的男性组最高（平均 42.8）。

（3）不同文化组的评分无差异。

（4）不同职业者中 S-AI 与 T-AI 的评分均以女性干部为最低（平均 36.7 和 39.6）。

量表八　社会支持评定量表

社会支持评定量表（SSRS）是肖水源等心理卫生工作者在借鉴国外量表的基础上，根据我国的实际情况，自行设计编制的，可帮助人们对自己的社会支持有一个全面的评定。在心理学中，所谓的社会支持指的是一个人从自己的社会关系（家人、朋友、同事等）中获得的客观支持以及个人对这种支持的主观感受。社会支持不仅指物质上的条件和资源，也包括在情感上的支持。本量表共 10 个条目，包含客观支持、主观支持和对支持的利用度三个维度。3—5 分钟即可完成。SSRS 适用于 14 岁以上各类人群（尤其是普通人群）的健康测量。本测验结果还可以作为影响因素引入心理障碍、疾病的成因研究中。

（一）社会支持评定量表

指导语：下面的问题用于反映您在社会中所获得的支持，请按各个问题的具体要求，根据您的实际情况来回答。谢谢您的合作。

1. 您有多少关系密切、可以得到支持和帮助的朋友？（只选一项）

（1）一个也没有　　（2）1—2 个

（3）3—5 个　　（4）6 个或 6 个以上

2. 近一年来您：（只选一项）

（1）远离家人，且独居一室

（2）住处经常变动，多数时间和陌生人住在一起

（3）和同学、同事或朋友住在一起

（4）和家人住在一起

3. 您与邻居：（只选一项）

（1）相互之间从不关心，只是点头之交

（2）遇到困难可能稍微关心

（3）有些邻居都很关心您

（4）大多数邻居都很关心您

4. 您与同事：（只选一项）

（1）相互之间从不关心，只是点头之交

（2）遇到困难可能稍微关心

（3）有些同事很关心您

（4）大多数同事都很关心您

5. 从家庭成员得到的支持和照顾（在合适的框内划“√”）

	无	极 少	一 般	全力支持
A. 夫妻（恋人）				
B. 父母				
C. 儿女				
D. 兄弟姊妹				
E. 其他成员（如嫂子）				

6. 过去，在您遇到急难情况时，曾经得到的经济支持和解决实际问题的帮助的来源有：

（1）无任何来源

（2）下列来源：（可选多项）

A. 配偶； B. 其他家人； C. 朋友 D. 亲戚； E. 同事； F. 工作单位； G. 党团工会等官方或半官方组织； H. 宗教、社会团体等非官方组织； I. 其他（请列出）______________

7. 过去，在您遇到急难情况时，曾经得到的安慰和关心的来源有：

（1）无任何来源

（2）下列来源（可选多项）

A. 配偶； B. 其他家人； C. 朋友 D. 亲戚； E. 同事 F. 工作单位； G. 党团工会等官方或半官方组织 H. 宗教、社会团体等非官方组织； I. 其他（请列出）______________

8. 您遇到烦恼时的倾诉方式：（只选一项）

（1）从不向任何人诉述

（2）只向关系极为密切的1—2个人诉述

（3）如果朋友主动询问您会说出来

（4）主动叙述自己的烦恼，以获得支持和理解

9. 您遇到烦恼时的求助方式：（只选一项）

（1）只靠自己，不接受别人帮助

（2）很少请求别人帮助

（3）有时请求别人帮助

（4）有困难时经常向家人、亲友、组织求援

10. 对于团体（如党团组织、宗教组织、工会、学生会等）组织活动，您：（只选一项）

（1）从不参加

（2）偶尔参加

（3）经常参加

（4）主动参加并积极活动

（二）计　分

第1—4，8—10条：每条只选一项，选择1、2、3、4项分别计1、2、3、4分，第5条分A、B、C、D四项计总分，每项从无到全力支持分别计1—4分，第6、7条如回答"无任何来源"则计0分，回答"下列来源"者，有几个来源就计几分。

社会支持评定量表分析方法：

（1）总分：即十个条目计分之和

（2）客观支持分：2、6、7条评分之和

（3）主观支持分：1、3、4、5，条评分之和

（4）对支持的利用度：第8、9、10条

（三）结果解释

该量表用于测量个体社会关系的3个维度共10个条目：有客观支持（即患者所接受到的实际支持），主观支持（即患者所能体验到的或情感上的支持）和对支持的利用度（支持利用度是反映个体对各种社会支持的主动利用，包括倾诉方式、求助方式和参加活动的情况）3个分量表，总得分和各分量表得分越高，说明社会支持程度越好。

量表九　防御方式问卷（DSQ）

防御方式（或称防御机制）的概念来源于精神分析理论，指潜意识中应对焦虑的一些行为方式。防御机制可以缓解焦虑，但是它使人看不到真实的状况，对人的心理健康既有有利的一面，也有不利的一面。不成熟的防御机制严重歪曲了对现实的认知，对心理健康弊远大于利，成熟的防御机制对心理健康则是利大于弊。在年纪小的儿童中，使用不成熟防御机制是正常的，成年人过多使用不成熟的防御机制往往表示心理有障碍。

防御方式问卷（DSQ）是由M、Bond（加拿大）于1983年编制的一种自评问卷。分别于1986年和1989年两次修订。本书收录的是最后一次修订的问卷。此问卷的目的是能收集较完整的防御机制资料，它适用于正常人及有各种精神障碍的人。关于此量表的编制背景、理论根据、信度和效度问题，国内已有文献介绍，请参考应用。

DSQ共包括88个项目，包括比较广泛的防御行为：即从成熟的直到不成熟的。每个项目均采用1—9的九级评定方法：（1）完全反对；（2）很反对；（3）比较反对；（4）稍微反对；（5）既不反对也不同意；（6）稍微同意；（7）比较同意；（8）很同意；（9）完全同意，较为细致。此处之程度，完全由评定者自己体会，即是否赞同条目对自己行为的描述，并无硬性规定。

施测时间建议：约20—25分钟。

（一）防御方式问卷

指导语：

请仔细阅读每一个问题，然后根据自己的实际情况认真填写，不要去猜测怎样才是正确的答案，因为这里不存在正确或错误的问题，也无故意捉弄人的问题。每个问题有 9 个答案，分别用 1，2，3，4，5，6，7，8，9 来表示。

1——完全反对

2——很反对

3——比较反对

4——稍微反对

5——既不反对也不同意

6——稍微同意

7——比较同意

8——很同意

9——完全同意

请注意：每个问题只准有一个答案，在题后写上相应的数，每个问题都要回答。把问题看懂后再答。全表共有 88 个问题。

1. 我从帮助他人而获得满足，如果不这样做，我就会变得情绪抑郁

2. 人们常说我是个脾气暴躁的人

3. 在我没有时间处理某个棘手的事情时，我可以把它搁置一边

4. 人们总是不公平地对待我

5. 我通过做一些积极的或预见性的事情来摆脱自己的焦虑不安，如绘画、做木工活等

6. 偶尔，我把一些今天该做的事情推迟到明天做

7. 我不知道为什么总是遇到相同的受挫情境

8. 我能够相当轻松地嘲笑我自己

9. 我受到挫折时，表现就像个孩子

10. 在维护我的利益方面，我羞于与人计较

11. 我比我认识的人中大多数都强

12. 人们往往虐待我

13. 如果某人骗了我或伤了我的钱，我宁愿他得到帮助，而不是受惩罚

14. 偶尔，我想一些坏得不能说出口的事情

15. 偶尔，我因一些下流的笑话而大笑

16. 人们说我像一只鸵鸟，把自己的头埋入沙中，换句话说，我往往有意忽视一些不愉快的事情

17. 我常常不能竭尽全力地与人竞争

18. 我常感到比和我在一起的人强

19. 某人正在想剥压我所得到的一切

20. 我有时发怒

21. 我时常在某种内在力量的驱使下，不由自主地做出些行为

22. 我宁愿饿死而不愿被迫吃饭

23. 我常常故意忽视一些危险，似乎我是个超人

24. 我为有贬低别人威望的能力而自豪

25. 人们告诉我：我总有被害的感觉

26. 有时感觉不好时，我就发脾气

27. 当某些事情让我烦恼时，我常常不由自主地做出些行为

28. 当遇事不顺心时，我就会生病

29. 我是个很有自制力的人

30. 我简直就像一个不得志的艺术家一样

31. 我不总是说真话

32. 当我感到自尊心受伤害时，我就会回避

33. 我常常不由自主地迫使自己干些过头的事情，以至于其他人不得不限制我

34. 我的朋友们把我看作乡下佬

35. 在我愤怒的时候，我常常回避

36. 我往往对那些确实对我友好的人，比我应该怀疑的人保持更高的警惕性

37. 我已学得特殊的才能，足以使我毫无问题地度过一生

38. 选举的时候，我往往选那些我几乎不了解的人

39. 我常常不能按时赴约

40. 我幻想得多，可在现实生活中做得少
41. 我羞于与人打交道
42. 我什么都不怕
43. 有时我认为我是个天使，有时我认为我是个恶魔
44. 在比赛时，我只能赢而不能输
45. 在我愤怒的时候，我变得很愿挖苦人
46. 在我自尊心受伤害时，我就公开反击
47. 我认为当我受伤害时，我就应该翻脸
48. 我每天读报时，不是每个版面都读
49. 我沮丧时，就会避开
50. 我对性问题感到害羞
51. 我总是感到我所认识的某个人像个保护神
52. 我的处世哲学是："非理勿信，非理勿做，非理勿视"
53. 我认为：人有好坏之分
54. 如果我的上司惹我生气，我可能会在工作中找麻烦或磨洋工以报复他
55. 每个人都和我对着干
56. 我往往对那些我讨厌的人表示友好
57. 如果我乘坐的飞机的一个发动机失灵，我就会非常紧张
58. 我认识这样一个人，他什么都能做而且做得合理正直
59. 如果我感情的发泄会妨碍我正从事的事业，那么我就能控制住它
60. 一些人正在密谋要害我
61. 我通常可以看到恶境当中好的一面
62. 在我不得不去做一些我不愿做的事情时，就头痛
63. 我常常发现我对那些理应仇视的人，表示很友好
64. 我认为："人人都有善意" 是不存在的，如果你不好那么你一切都不好
65. 我决不会对那些我讨厌的人表示愤怒
66. 我确信生活对我是不公正的
67. 在严重的打击下，我就会垮下来
68. 在我意识到不得不面临一场困境的时候，如考试、招工会谈，我就试图

想象它会如何，并计划出一些方法去应付它

69. 医生们绝不会真的弄清我患的是什么病

70. 当某个和我很亲近的人死去时，我并不悲伤

71. 在我为了利益和人争斗之后，我往往因为我的粗鲁而向人道歉

72. 发生与我有关的大部分事情并不是我的责任

73. 当我感觉情绪压抑或焦虑不安时，吃点东西，可以使我感觉好些

74. 勤奋工作使我感觉好些

75. 医生不能真的帮我解决问题

76. 我常听人们说我不暴露自己的感情

77. 我认为，人们在看电影、戏剧或书籍时所领悟的意义，比这些作品所要表达的意思多

78. 我感觉到我有一些不由自主要去做的习惯或仪式行为，并给我带来很多麻烦

79. 当我紧张时，就喝酒或吃药

80. 当我心情不愉快时，就想和别人待在一起

81. 如果我能够预感到我会沮丧的话，我就能更好地应付它

82. 无论我怎样发牢骚，从未得到过满意的结果

83. 我常常发现当环境要引起我强烈的情绪反应时我就会麻木不仁

84. 忘我地工作，可使我摆脱情绪上的忧郁和焦虑

85. 紧张的时候，我就吸烟

86. 如果我陷入某种危机时，我就地寻找另一个和我具有同样命运的人

87. 如果我做错了事情，不能受责备

88. 如果我有攻击他人的想法，我就感觉有种做点事情的需要，以转移这种想法

（二）计分及结果解释

1. 各因子分为其所属各防御机制之和。

因子均分 = 因子分 / 因子所属条目数

因子均分反映的是评定者在某因子上自我主评价介于 1—9 的哪种程度。四个因子分别为成熟防御机制、中间型防御机制、不成熟防御机制、掩饰度。

如越靠近 9 即应用某类机制的频度越大，其掩饰度则越小。

2. 各防御机制分及均分

各防御机制分为反映该机制项目评分之和

防御机制均分 = 防御机制分 / 防御机制所属条目数

防御机制均分的目的在于了解评定者在某防御机制上，自我评价介于 1—9 的哪种程度，即越接近 9 应用此种防御机制的频度越大。

3. 廓图分析

因子 1 不成熟防御机制	投射：4，12，25，36，55，60，66，72，87 被动攻击：2，22，39，45，54 潜意显现：7，21，27，33，46 抱怨：69，75，82 幻想：40 分裂：43，53，64 退缩：9，67 躯体化：28，62
因子 2 成熟防御机制	升华：5，74，84 压抑：3，59 幽默：8，61，34
因子 3 中间型防御机制	反作用形成：13，47，56，63，65 解除：71；78，88 制止：10，17，29，41，50 回避：32，35，49 理想化：51，58 假性利他：1 伴无能之全能：11，18，23，24，30，37 隔离：70，76，77，83 同一化：19 否认：16，42，52 交往倾向：80，86 消耗倾向：73，79，85 期望：68，81
因子 4 掩饰因子	6，14，15，20，26，31，44，48，5

注意事项：该问卷目前在国内外尚无常模，研究时应设立对照组，实际应用时应参考相关文献。

量表十　应对方式问卷（HAMA）

Gentry（1983）曾乐观地认为我们正趋向发展一门“应付科学”（Science of Coping）。这种意见是对 Pelietier 于 20 世纪 70 年代提出的“现代人类疾病一半以上与应激有关”这一观点认同的结果。应付作为应激与健康的中介机制，对身心健康的保护起着重要的作用。有研究发现，个体在高应激状态下，如果缺乏社会支持和良好的应付方式，则心理损害的危险度可达 43.3%，为普通人群危险度的两倍。近年来，国内有关应付和应付方式评估与测量工具的研究较少有人涉足。为此，肖计划等 1996 年在前人研究基础上，参考国外有关应付的理论研究，编制了“应付方式问卷”，用于评估个体的应付方式特点。

（一）应对方式问卷

指导语：本问卷的每个条目有两个答案“是”“否”。请您根据自己的情况在每一条目后选择一个答案，如果选择“是”，则请继续对“有效”“比较有效”“无效”做出评估。

题　目	倾向型答案		有效性选择答案		
	A 是	B 否	① 有效	② 比较有效	③ 无效
1. 能理智地应付困境					
2. 善于从失败中吸取经验					
3. 制订一些克服困难的计划并按计划去做					
4. 常希望自己已经解决了面临的困难					
5. 对自己取得成功的能力充满信心					

续表

题　目	倾向型答案		有效性选择答案		
	A 是	B 否	① 有效	② 比较有效	③ 无效
6. 认为“人生经历就是磨难”					
7. 常感叹生活的艰难					
8. 专心于工作或学习以忘却不快					
9. 常认为“生死有命，富贵在天”					
10. 常常喜欢找人聊天以减轻烦恼					
11. 请求别人帮助自己克服困难					
12. 常只按自己想的做，且不考虑后果					
13. 不愿过多思考影响自己情绪的问题					
14. 投身其他社会活动，寻找新寄托					
15. 常自暴自弃					
16. 常以无所谓的态度来掩饰内心的感受					
17. 常想“这不是真的就好了”					
18. 认为自己的失败多系外因所致					
19. 对困难采取等待观望任其发展的态度					
20. 与人冲突，常是对方性格怪异引起					
21. 常向引起问题的人和事发脾气					
22. 常幻想自己有克服困难的超人本领					
23. 常自我责备					
24. 常用睡觉的方式逃避痛苦					
25. 常借娱乐活动来消除烦恼					
26. 常爱想些高兴的事自我安慰					
27. 避开困难以求心中宁静					

续表

题　目	倾向型答案		有效性选择答案		
	A 是	B 否	① 有效	② 比较有效	③ 无效
28. 为不能回避困难而懊恼					
29. 常用两种以上的办法解决困难					
30. 常认为没有必要那么费力去争成败					
31. 努力去改变现状，使情况向好的一面转化					
32. 借烟或酒消愁					
33. 常责怪他人					
34. 对困难常采用回避的态度					
35. 认为“退后一步自然宽”					
36. 把不愉快的事埋在心里					
37. 常自卑自怜					
38. 常认为这是生活对自己不公平的表现					
39. 常压抑内心的愤怒与不满					
40. 吸取自己或他人的经验去应付困难					
41. 常不相信那些对自己不利的事					
42. 为了自尊，常不愿让人知道自己的遭遇					
43. 常与同事、朋友一起讨论解决问题的办法					
44. 常告诫自己“能忍者自安”					
45. 常祈祷神灵保佑					
46. 常用幽默或玩笑的方式缓解冲突或不快					
47. 自己能力有限，只有忍耐					
48. 常怪自己没出息					

续表

题　目	倾向型答案		有效性选择答案		
	A 是	B 否	① 有效	② 比较有效	③ 无效
49. 常爱幻想一些不现实的事来消除烦恼					
50. 常抱怨自己无能					
51. 常能看到坏事中有好的一面					
52. 自感挫折是对自己的考验					
53. 向有经验的亲友、师长求教解决问题的方法					
54. 平心静气，淡化烦恼					
55. 努力寻找解决问题的办法					
56. 选择职业不当，是自己常遇挫折的主要原因					
57. 总怪自己不好					
58. 经常是看破红尘，不在乎自己的不幸遭遇					
59. 常自感运气不好					
60. 向他人诉说心中的烦恼					
61. 常自感无所作为而任其自然					
62. 寻求别人的理解和同情					

（二）计　分

该量表包括62题，分为6个因子，分别为:（1）退避：指逃避问题;（2）幻想：指用想象中的美好来安慰自己;（3）自责：指责备自己，认为是自己的错;（4）求助：指请别人来帮助自己;（5）合理化：指为自己的行为找一个理由，以便减轻自己的痛苦;（6）解决问题：指积极着手解决遇到的问题。

除了反向计分的题目外，所有题目选择 A 得 1 分，选择 B 得 0 分 反向计分的题目，第 19、36、39、42，选 A 得 0 分，选 B 得 1 分
退避量表的题目包括：7，13，16，19，24，27，32，35，44，47 幻想量表的题目包括：4，12，17，21，22，26，28，41，45，49 自责量表的题目包括：15，23，25，37，39，48，50，56，57，59 求助量表的题目包括：10，11，14，36，39，42，43，53，60，62 合理化量表的题目包括：6，9，18，20，30，38，52，54，58，61 解决问题量表的题目包括：1，2，3，5，8，19，29，31，40，46，51，55
分量表因子分 = 分量表单项条目分之和 / 分量表条目 最终根据各因子的量表得分排序

（三）结果解释

研究发现，个体应付方式的使用一般都在一种以上，但每个人的应付方式类型具有一定的倾向性，这六种倾向性又在个体身上构成了不同的组合形式，下表就是不同形式的组合与解释：

成熟型	"解决问题——求助"
	这类受试在面对应激事件或环境时，常能采取"解决问题"和"求助"等成熟的应付方式，而较少使用"退避""自责""幻想"等不成熟的应付方式，在生活中表现出一种成熟稳定的人格特征和行为方式
不成熟型	"退避——自责"
	这类受试在生活中常以"退避""自责""幻想"等应付方式应付困难和挫折，而较少使用"解决问题"这类积极的应付方式，表现出一种神经症性的人格特点，其情绪和行为均缺乏稳定性。
混合型	"合理化"
	"合理化"应付因子既与"解决问题""求助"等成熟应付因子呈正相关，也与"退避""幻想"等不成熟的应付因子呈正相关，反映出这类受试的应付行为集成熟与不成熟的应付方式于一体，在应付行为上表现出一种矛盾的心态和两面性的人格特点。

量表十一　总体幸福感量表（GWB）

总体幸福感量表（GWB）是为美国国立卫生统计中心制定的一种定式型测查工具，用来评价受试对幸福的陈述。本量表共有33项。国内段建华（1996）对本量表进行了修订，并用修订后的量表测查了362名大学生。本量表单个项目得分与总分的相关在0.48和0.78之间，分量表与总表的相关为0.56—0.88，内部一致性系数在男性为0.91、在女性为0.95，间隔3个月后重新测查了其中的41名学生，发现重测一致性为0.85。GWB总分与专家面谈后对抑郁评估之一致性在0.27—0.47之间；与3种焦虑量表（PEI，PPS和CHQ）的一致性分别为0.41，0.40和0.10；与3种抑郁量表（HQ，Zung和MMPI）的一致性分别为0.35，0.28和0.21，它与PFI抑郁量表的一致性更高些（0.50）。本量表施测时间建议：约10—15分钟

（一）总体幸福感量表

指导语：以下问卷涉及您近期对生活的感受与看法，无好坏之分，请根据自己的现实情况和切身体验进行回答，并请您自己阅读每道题目，在相应答案所代表的数字上打√即可。

1	你的总体感觉怎样（在过去的一个月里）?
	1.好极了 2.精神很好 3.精神不错 4.精神时好时坏 5.精神不好 6.精神很不好
2	你是否为自己的神经质或“神经病”感到烦恼（在过去的一个月里）?
	1.极端烦恼 2.相当烦恼 3.有些烦恼 4.很少烦恼 5.一点也不烦恼

续表

3	你是否一直牢牢地控制着自己的行为、思维、情感或感觉（在过去的一个月里）?
	1.绝对的 2.大部分是的 3.一般来说是的 4.控制得不太好 5.有些混乱 6.非常混乱
4	你是否由于悲哀、失去信心、失望或有许多麻烦而怀疑还有任何事情值得去做（在过去的一月里）?
	1.极端怀疑 2.非常怀疑 3.相当怀疑 4.有些怀疑 5.略微怀疑 6.一点也不怀疑
5	你是否正在受到或曾经受到任何约束、刺激或压力（在过去的一个月里）?
	1.相当多 2.不少 3.有些 4.不多 5.没有
6	你的生活是否幸福、满足或愉快（在过去的一个月里）?
	1.非常幸福 2.相当幸福 3.满足 4.略有些不满足 5.非常不满足
7	你是否有理由怀疑自己曾经失去理智，或对行为、谈话、思维或记忆失去控制（在过去的一个月里）?
	1.一点也没有 2.只有一点点 3.有些，不严重 4.有些，相当严重 5.是的，非常严重

续表

8	你是否感到焦虑、担心或不安（在过去的一个月里）？
	1.极端严重 2.非常严重 3.相当严重 4.有些 5.很少 6.无
9	你睡醒之后是否感到头脑清晰和精力充沛（在过去的一个月里）？
	1.天天如此 2.几乎天天 3.相当频繁 4.不多 5.很少 6.无
10	你是否因为疾病、身体的不适、疼痛或对患病的恐惧而烦恼（在过去一个月里）？
	1.所有的时间 2.大部分时间 3.很多时间 4.有时 5.偶尔 6.无
11	你每天的生活中是否充满了让你感兴趣的事情（在过去的一个月里）？
	1.所有的时间 2.大部分时间 3.很多时间 4.有时 5.偶尔 6.无
12	你是否感到沮丧和忧郁（在过去的一个月里）？
	1.所有的时间 2.大部分时间 3.很多时间 4.有时 5.偶尔 6.无

续表

13	你是否情绪稳定并能把握住自己（在过去的一个月里）?
	1. 所有的时间 2. 大部分时间 3. 很多时间 4. 有时 5. 偶尔 6. 无
14	你是否感到疲劳、过累、无力或精疲力竭（在过去的一个月里）?
	1. 所有的时间 2. 大部分时间 3. 很多时间 4. 有时 5. 偶尔 6. 无
15	你对自己健康关心或担忧的程度如何（在过去的一个月里）?
	不关心 0 1 2 3 4 5 6 7 8 9 10 非常关心
16	你感到放松或紧张的程度如何（在过去的一个月里）?
	松弛 0 1 2 3 4 5 6 7 8 9 10 紧张
17	你感觉自己的精力、精神和活力如何（在过去的一个月里）?
	无精打采 0 1 2 3 4 5 6 7 8 9 10 精力充沛
18	你忧郁或快乐的程度如何（在过去的一个月里）?
	非常忧郁 0 1 2 3 4 5 6 7 8 9 10 非常快乐
19	你是否由于严重的性格、情感、行为或精神问题而感到需要帮助（在过去的一年里）?
	1. 是的，曾寻求帮助 2. 是的，但未寻求帮助 3. 有严重的问题 4. 几乎没有问题 5. 没有问题

续表

20	你是否曾感到将要精神崩溃或接近于精神崩溃?
	1.是的，在过去的一年里 2.是的，在一年以前 3.无
21	你是否曾有过精神崩溃?
	1.是的，在过去的一年里 2.是的，在一年以前 3.无
22	你是否曾因为性格、情感、行为或精神问题在精神病院、综合医院精神病科病房或精神卫生诊所治疗?
	1.是的，在过去的一年里 2.是的，在一年以前 3.无
23	你是否曾因为性格、情感、行为或精神问题求助于精神医生、心理学家?
	1.是的，在过去的一年里 2.是的，在一年以前 3.无
24	你是否因自己的一些问题求助于普通医生（真正的躯体疾病或常规检查除外）?
	1.是 2.否
25	你是否因自己的 些问题求助丁脑科或神经外科专家?
	1.是 2.否
26	你是否因自己的一些问题求助于护士（一般内科疾病除外）?
	1.是 2.否
27	你是否因自己的一些问题求助于律师（常规的法律问题除外）?
	1.是 2.否

续表

28	你是否因自己的一些问题求助于警察（单纯的交通违章除外）?
	1.是 2.否
29	你是否因自己的一些问题求助于牧师、神父等各种神职人员?
	1.是 2.否
30	你是否因自己的一些问题求助于婚姻咨询专家?
	1.是 2.否
31	你是否因自己的一些问题求助于社会工作者?
	1.是 2.否
32	你是否因自己的一些问题寻求过其他正式的帮助?
	1.是 2.否
33	你是否曾与家庭成员或朋友谈论自己的问题?
	1.是的，很有帮助 2.是的，有些帮助 3.是的，但没有帮助 4.否，没有人可与之谈论 5.否，没有人愿意与我谈论 6.否，不愿与人谈论 7.没有问题

（二）计分及结果解释

1.本量表共有33项，其中1、3、6、7、8、9、11、13、15、16项为反向评分。得分越高，幸福度越高。本量表前18项的平均得分在男性为75分，在女性为71分（标准差分别是15和18分）。

2.除了评定总体幸福感，本量表还通过将其内容组成6个分量表从而对幸福感的6个因子进行评分。这6个因子及其对应项目如下表:

六个因子	对健康的担心	10，15
	精力	1，9，14，17
	对生活的满足和兴趣	6，11
	忧郁或愉快的心境	4，12，18
	对情感和行为的控制	3，7，13
	松弛与紧张（焦虑）	2，5，8，16

量表十二　OLSON 婚姻质量问卷（ENRICH）

作为影响人类身心健康与生活质量的一个重要因素，婚姻质量已日益受到心理卫生工作的重视。已有众多的研究表明，婚姻幸福与否受多维因素影响。因此，研究者们都试图制定一个从多维角度能准确判别某婚姻是否幸福、能测出婚姻不幸福的症结、能了解婚姻幸福原因的测评工具。据此，美国明尼苏达大学 Olson 教授等于 1981 年将已有较好信、效度的“婚前预测问卷（PREPARE）”（Olson，1970）作为基础，编制了本问卷，当时，主要是用于寻求婚姻咨询者的诊断问卷。

Olson 通过美国全国性大样本测试，该问卷条目内部一致性平均相关系数为 0.74，重测信度为 0.87（样本 1344 名）Cil。其判别婚姻满意与不满意的准确性（判别效度）为 85%—90%（样本数 7261 名受试）阁。与其他婚姻问卷相比，它的信、效度检验具有样本量大、控制了背景因素干扰、多维度、夫妇双方评估等特点。目前，它主要用于婚姻咨询工作中，用以判断婚姻的满意程度，识别婚姻的冲突所在，以便有针对性地开展婚姻治疗和效果观察。国内研究（李凌江、杨德森 1990）表明该问卷适合中国使用。量表有 124 个题目，由受试者独立做出 5 级评定。

ENRICH 共包含 124 个条目。内容包括过分理想化、婚姻满意度、性格相融性、夫妻交流、解决冲突的方式、经济安排、业余活动、性生活、子女和婚姻、与亲友的关系、角色平等性及信仰一致性共12个因子。

应注意，此问卷为自评量表。在工作人员交代清楚评分方法后，应让受试做出独立评定。对于文化程度低的自评者，可由工作人员逐项念给他听，并以中性的、不带任何暗示和偏向的方式把问题本身的意思告诉他。一次评定一般为30分钟。评定的时间范围依研究需要而定。

（一）OLSON婚姻质量问卷

指导语：以下的问题是了解您的婚姻状态的，它可以发现您婚姻中可能存在和需要指导的问题，有助于得到专家的解决，希望您能如实填写，不用征求他人的意见，独立完成。请注意，题目中的“我们”均是指您和您的配偶，现在开始吧！

每个项目采用5级评定：1——确实这样；2——可能这样；3——不同意不反对；4——可能不是这样；5——确实不是这样。

项　目	评　定				
1.夫妻双方都喜爱同一类的社会活动	1	2	3	4	5
2.向配偶表达我真实的感受是非常容易的	1	2	3	4	5
3.对我所受到的有关宗教信仰的教育，我很难全盘接受	1	2	3	4	5
4.为了尽早结束争吵，我常立即让步	1	2	3	4	5
5.在我们家里，父亲和孩子待在一起所花的时间不够	1	2	3	4	5
6.当夫妻间出现矛盾时，我的配偶常沉默不语	1	2	3	4	5
7.亲友中一些人使我们的婚姻变得紧张	1	2	3	4	5
8.我的配偶过于挑剔或经常持否定的观点	1	2	3	4	5
9.我完全满意配偶对我的感情	1	2	3	4	5
10.我和配偶就如何采取最佳方法解决矛盾常常意见不一	1	2	3	4	5
11.我认为夫妻双方对宗教应有相同的理解	1	2	3	4	5
12.我认为妇女主要应待在家里	1	2	3	4	5
13.有时，我对配偶的脾气很在意	1	2	3	4	5
14.我不喜欢配偶的性格和个人习惯	1	2	3	4	5

续表

项 目	评 定				
15.为了使性关系保持乐趣，我们尝试找一些新的方法	1	2	3	4	5
16.有时，我希望配偶别乱花钱	1	2	3	4	5
17.我的配偶似乎缺少时间与精力与我一起娱乐	1	2	3	4	5
18.我宁愿做别的任何事情，也不愿独自待一个晚上	1	2	3	4	5
19.我非常满意夫妻双方在婚姻中承担的责任	1	2	3	4	5
20.我和配偶对怎样花钱总是意见一致	1	2	3	4	5
21.我很满意我们对抚养子女的责任分工	1	2	3	4	5
22.共同的信仰有助于我们的关系发展	1	2	3	4	5
23.如果夫妻双方都有工作，丈夫应该与妻子承担同样多的家务劳动	1	2	3	4	5
24.有时，我对配偶显得不愉快和孤僻感到担心	1	2	3	4	5
25.我担心配偶可能在性方面对我不感兴趣	1	2	3	4	5
26.我们很难在经济安排上做出决定	1	2	3	4	5
27.我们为亲友花费的时间很恰当	1	2	3	4	5
28.对配偶兴趣或爱好过少，我很在意	1	2	3	4	5
29.除非经济上需要，我的妻子不应外出工作	1	2	3	4	5
30.我配偶抽烟和/或饮酒成问题	1	2	3	4	5
31.与配偶参加社交活动，我很少感到压力	1	2	3	4	5
32.我不满意夫妻间的交流，我的配偶并不理解我	1	2	3	4	5
33.对于我们家怎样和在何处度假，我总是觉得满意	1	2	3	4	5
34.我们夫妻间完全相互理解	1	2	3	4	5
35.在管教子女方面，夫妻意见一致	1	2	3	4	5
36.我非常满意我们做决定和解决冲突的方式	1	2	3	4	5
37.有时，我的配偶不依赖我，不总是人云亦云	1	2	3	4	5

续表

项　目	评　定				
38. 对于家庭应储蓄多少钱的决定，我感到满意	1	2	3	4	5
39. 当讨论某一问题时，我通常感到配偶是理解我的	1	2	3	4	5
40. 我的配偶有时发表一些贬低我的意见	1	2	3	4	5
41. 与配偶谈论性问题，对我来说是很容易和轻松的	1	2	3	4	5
42. 我的配偶对我的每一次情绪变化都完全理解并有相同的感受	1	2	3	4	5
43. 在我们的婚姻中，妻子应更加顺从丈夫的愿望	1	2	3	4	5
44. 当我们与别人共处时，有时我为配偶的行为感到不安	1	2	3	4	5
45. 我们都知道我们所欠的债务，而且它不成问题	1	2	3	4	5
46. 我的宗教信仰是影响我们婚姻的一个重要部分	1	2	3	4	5
47. 有时，我担心配偶会有寻求婚外性关系的想法	1	2	3	4	5
48. 我认为配偶与他 / 她的家里过于密切或受其影响太大	1	2	3	4	5
49. 子女似乎是我们婚姻中矛盾的一个主要来源	1	2	3	4	5
50. 我们对所需子女的数量意见一致	1	2	3	4	5
51. 我们按我们的经济实力有规律地花钱	1	2	3	4	5
52. 我不满意我们的经济地位和决定经济事务的方法	1	2	3	4	5
53. 我非常满意我们的业余活动和夫妻一起度过的时间	1	2	3	4	5
54. 有时，我不敢找配偶要我需要的东西	1	2	3	4	5
55. 即使妻子在外工作，也应该负担管理家务的责任	1	2	3	4	5
56. 夫妻双方在与宗教信仰有关的活动中意见不一	1	2	3	4	5
57. 与我的或配偶家的亲戚在一起，我感到不愉快	1	2	3	4	5
58. 当我遇到困难时，我总是告诉配偶	1	2	3	4	5
59. 我的配偶对子女的关注超过对我们的婚姻，这使我不舒服	1	2	3	4	5

续表

项　目	评　定				
60. 我觉得我们的假期与旅游过得很好	1	2	3	4	5
61. 我们家丈夫是一家之主	1	2	3	4	5
62. 对我来说，我们的性关系是满意与完美的	1	2	3	4	5
63. 有时，我的配偶太固执	1	2	3	4	5
64. 我们的婚姻是非常成功的	1	2	3	4	5
65. 与配偶一起祈祷，对我很重要	1	2	3	4	5
66. 我希望配偶更愿意与我分享他 / 她的感受	1	2	3	4	5
67. 有了孩子，使我们的婚姻关系更密切	1	2	3	4	5
68. 我的配偶喜欢我所有的朋友	1	2	3	4	5
69. 我不愿对配偶表现出很温柔，因为它经常被误解为是一种性的表示	1	2	3	4	5
70. 我觉得我们的婚姻关系缺少某些东西	1	2	3	4	5
71. 有时在一些不重要的问题上我们常产生严重的争执	1	2	3	4	5
72. 我感到夫妻双方没有花费足够的时间一起度过业余空暇	1	2	3	4	5
73. 有时，我很难相信配偶告诉我的每一件事	1	2	3	4	5
74. 我尽量避免与配偶发生冲突	1	2	3	4	5
75. 对于我们来说，丈夫的职业较妻子的职业更重要	1	2	3	4	5
76. 我觉得我们的婚姻受到宗教观念影响	1	2	3	4	5
77. 我们的经济已变得紧张，如赊账过多	1	2	3	4	5
78. 配偶经常拖拖拉拉，使我很烦恼	1	2	3	4	5
79. 有时，我觉得夫妻之间的争执没完没了，从来得不到解决	1	2	3	4	5
80. 如果家里有很小的子女，妻子不应外出工作	1	2	3	4	5
81. 我经常不把我的感受告诉配偶，因为他 / 她应该体会得到	1	2	3	4	5

续表

项　目	评　定				
82. 对于我们夫妻之间怎样表达情感与性有关的事，我很满意	1	2	3	4	5
83. 当夫妻间出现意见不一时，我们开诚布公地交流感受和决定怎样来解决它	1	2	3	4	5
84. 除非与配偶在一起，否则我很少开玩笑	1	2	3	4	5
85. 我们很注重决定怎样把钱花在最重要的事情上	1	2	3	4	5
86. 有时我的配偶与朋友在一起的时间太多	1	2	3	4	5
87. 我和配偶在对子女进行宗教教育方面有不同的意见	1	2	3	4	5
88. 对于承担做父母的责任分工上，我不满意	1	2	3	4	5
89. 爱配偶，使我更深地体会到：上帝是慈爱的	1	2	3	4	5
90. 我觉得双方的父母过高地期望得到我们的关心和帮助	1	2	3	4	5
91. 我非常满意夫妻之间相互谈话的方式	1	2	3	4	5
92. 我觉得我们的父母给我们的婚姻造成问题	1	2	3	4	5
93. 我很烦恼，没有配偶的允许我不能花钱	1	2	3	4	5
94. 自从有了孩子，夫妻间很少有时间单独在一起	1	2	3	4	5
95. 对于配偶的喜怒无常，有时我感到束手无策	1	2	3	4	5
96. 我经常感到配偶没有认真对待我们的分歧	1	2	3	4	5
97. 在我们家里，丈夫在大多数重要的事情上应有最后的决定权	1	2	3	4	5
98. 因为担心配偶发脾气，所以我不总是把心里的一些烦恼告诉他/她	1	2	3	4	5
99. 我不满意我们与双方父母、朋友的关系	1	2	3	4	5
100. 我和配偶对我所受的宗教方面的教育意见不一	1	2	3	4	5
101. 我从不后悔与我父母的关系，哪怕是一瞬间	1	2	3	4	5
102. 应该为子女做多少事，是我们发生冲突的一个原因	1	2	3	4	5

续表

项　目	评　定				
103. 我确实很高兴与配偶所有的朋友来往	1	2	3	4	5
104. 因为我们的宗教信仰，我和配偶觉得很亲密	1	2	3	4	5
105. 妻子在重要问题上应该相信与接受丈夫的判断	1	2	3	4	5
106. 有时，我很在意配偶的性兴趣与我不一致	1	2	3	4	5
107. 我很满意关于家庭计划和生育子女数的决定	1	2	3	4	5
108. 我不在意配偶与异性朋友在一起	1	2	3	4	5
109. 我说话时，配偶总是认真听着	1	2	3	4	5
110. 我很在意谁管钱	1	2	3	4	5
111. 配偶应用不公平的方式同意或拒绝性生活，使我很烦恼	1	2	3	4	5
112. 当我们争吵时，我通常不去想这是我的过错	1	2	3	4	5
113. 对于我们的宗教信仰与价值观，我觉得很好	1	2	3	4	5
114. 我和配偶在一起和分开度过的业余时间分配很公平	1	2	3	4	5
115. 有时，我认为配偶过于盛气凌人	1	2	3	4	5
116. 我认为任何生活在一起的配偶都没有我们夫妻和睦	1	2	3	4	5
117. 有时我觉得对配偶感觉不到爱和感情	1	2	3	4	5
118. 有时配偶做一些事使我不愉快的	1	2	3	4	5
119. 如果配偶有何过错，我也没意识到	1	2	3	4	5
120. 即使世界上每一个异性都愿与我结婚，我也不能做出比现在婚姻更好的选择	1	2	3	4	5
121. 我们夫妻比世界上任何人都相互适应得好	1	2	3	4	5
122. 关于配偶的每一件新鲜事都使我高兴	1	2	3	4	5
123. 我们的关系比它应有的状况更好	1	2	3	4	5
124. 当我和配偶在一起时，我觉得任何人都不可能比我们幸福	1	2	3	4	5

（二）计分及结果解释

ENRICH 的统计指标主要为总分和因子分。

1. 总分：

将 124 条各个单项分相加，即为总分。评分高提示婚姻质量好。

2. 因子分：

12 个因子。每一因子着重反映受试的婚姻某一方面的情况。将该因子所含条月的得分相加，即为因子分。可做廓图直观。各因子特点如下：

1. 过分理想化	包括：34，42，64，70，101，116-124 共 14 条
	测定受试者对婚姻的评价是否过于理想化。评分高，表明受试对婚姻的评价感情色彩浓，多见于婚前的情侣；评分低，表明受试对婚姻的评价比较现实，多见于寻求婚姻咨询的配偶中
2. 婚姻满意度	包括：14，19，32，36，52，53，82，88，99，113 共 10 条
	该因子通过测定婚姻 10 个方面满意度，得出总的满意度。评分高表明婚姻关系大多数方面是和谐与满穿的；评分低反映婚姻不满意
3. 性格相容性	包括哦：8，13，24，30，37，44，63，78，95，115 共 10 条
	该因子测定受试对配偶行为方式的满意程度。主要是性格，但也包括吸烟、饮酒等。评分高表明满意配偶的行为方式；评分低表示不满意，并难以容忍
4. 夫妻交流	包括：2，6，40，54，66，73，81，91，98，109 共 10 条
	该因子测定受试对夫妻间角色交流的感受、信念与态度。主要包括对配偶发出与接受信息的方式的评价，对夫妻间相互分享情感与信念程度如何的主观感受，以及对夫妻间交流是否恰当的评价。评分高，表明受试对夫妻交流方式与交流量感到满意；评分低表明交流有缺陷，需改善交流技巧
5. 解决冲突的方式	包括：4，10，39，58，71，74，79，83，96，112 共 10 条
	测定受试对夫妻中存在的冲突与解决方式的感受、信念及态度。主要包括夫妻对识别与解决冲突是否坦诚相见，对其解决方式是否感到满意。评分高表明对解决冲突的方式满意，大多数冲突都能解决；评分低表明冲突往往不能解决，对解决方式也不满意

续表

6. 经济安排	包括 16，20，26，38，45，51，77，85，93，110 共 10 条
	测定受试对夫妻管理经济方法的态度。主要包括受试经济开销的习惯与观念，对家庭经济安排的看法，夫妻间经济安排的决定方式以及受试对家庭经济状态的评价。评分高表明受试对经济安排满意，对经济开销的实际态度；评分低表明夫妻间在经济安排上有矛盾
7. 业余活动	包括：1，17，18，28，31，33，60，72，84，114 条
	测定受试业余活动的安排与满意度。主要包括业余活动的种类，是集体性的还是个人的，是主动参与还是被动参与，是夫妻共同参加的还是单独活动，以及受试对业余活动的看法，是应该夫妻共同活动好还是应保持相对的个人自由。评分高反映业余活动是和谐、灵活、夫妻有共感；评分低反映夫妻业余生活有矛盾
8. 性生活	包括：9，15，25，41，47，62，69，106，107，111 共 10 条
	测定受试对夫妻感情与性关系的关注度和感受。主要包括夫妻情感表达、性问题交流的程度，对性行为与性交的态度以及是否生育子女等。评分高表示受试对夫妻间情感表达满意，对性角色的状况满意；评分低表明不满意
9. 子女和婚姻	包括：5，21，35，49，50，59，67，87，94，102 共 10 条
	测定受试对是否生育子女以及子女数和态度。条目主要包括受试对夫妻双方担任父母角色的满意度，生育子女的看法，对管教子女的意见是否统一，对子女的期望是否一致等。评分高表示对上述内容意见统一，满意；评分低表示不满意或有某一方面的矛盾
10. 与亲友的关系	包括：7，27，48，57，68，86，90，92，103，108 条
	测定受试对夫妻双方与亲友关系的感受。主要包括与双方亲友一起度过的时间量，对与亲友一起活动的—价，是否与亲友间存在潜在的冲突以及亲友对该婚姻的态度等。评分高表示夫妻双方与亲友关系和谐；评分低表示与亲友间存在潜在的冲突
11. 角色平等性	包括：12，23，29，43，55，61，75，80，97，105 共 10 条
	测定受试婚姻关系中承担的各种角色的评价。包括家庭角色、性角色、父母角色以及职业角色等。分高表示受试主张男女平等，希望夫妻角色公平分配；评分低表示受试主张传统的夫妻角色与责任分配。请注意，评分高低不表明对夫妻角色分配的满意度。如 Olson 研究发现，评分低的女性婚姻满意度高于评分高的女性。但如果夫妻双方评分均高，提示夫妻和谐度高

续表

12. 信仰一致性	包括 3，11，22，46，56，65，76，89，100，104 共 10 条
	测定受试婚姻的宗教信念及对夫妻双方宗教信念的评价。评分高，表明受试更倾向坚持传统的婚姻宗教信念；评分低，表明受试倾向于不愿受传统观念的束缚。双方评分一致，表明夫妻双方信仰一致，均高者提示双方均看重传统的婚姻观念。夫妻一方评分高，一方评分低，低者可能是冲突的来源。

ENRICH 量表的 12 个因子，可根据研究需要选用某 1 个或几个因子。Olson（1982）报告了 11 个因子的美国常模（见下表）。笔者在国内做离婚者对照研究时，应用“婚姻满 7 度”与“夫妻交流”二个分量表，发现稳定婚姻的对照组其评分十分接近该常模，分别为 37: F ± 6.67 和 36.3 ± 5.22。

ENRICH 常模表

	男		女		测验得分	
	M	SD	M	SD	丈 夫	妻 子
过分理想化	40.23	5.78	41.36	5.68		
婚姻满意度	37.31	6.45	37.04	7.03		
性格相容性	34.58	5.96	34.43	6.35		
夫妻交流	34.90	6.05	34.10	6.94		
解决冲突的方式	34.05	5.84	33.85	6.43		
经济安排	37.16	6.33	37.65	6.78		
业余活动	33.99	3.90	34.81	4.38		
性生活	37.09	6.62	37.60	6.90		
子女和婚姻	38.35	5.58	38.25	5.72		
与亲友的关系	37.52	5.63	38.55	5.90		
角色平等性	28.86	5.45	28.06	5.80		
信仰一致性	39.04	6.58	40.04	6.26		

主要参考资料

一、中文文献

［1］欧文亚隆.团体心理治疗［M］.北京：中国轻工业出版社，2013.

［2］樊富珉.团体心理咨询［M］.北京：高等教育出版社，2005.

［3］郑日昌，江光荣，伍新春.当代心理咨询与治疗体系［M］.北京：高等教育出版社，2005.

［4］樊富珉.结构式团体辅导与咨询应用实例［M］.北京：高等教育出版社，2015.

［5］梅峰.临床心理学视野下的新入监服刑人员心理评估及干预策略研究［D］.南京：南京中医药大学 2012 年博士学位论文.

［6］严文华，李冀.地震后儿童和青少年团体心理游戏培训手册［M］.上海：华东师范大学出版社，2008.

［7］何丽，王建平，尉玮，谢秋媛，唐苏勤.301 名丧亲者哀伤反应及其影响因素［J］.中国临床心理学杂志，2013，21（6）：932–934.

［8］李辉平.三无服刑人员社会支持与焦虑水平关系研究究［D］.重庆：西南大学 2014 年硕士学位论文.

［9］徐凯文.人性的迷失［D］.北京：北京大学 2010 年博士学位论文.

［10］顺森，张日昇，徐洁.团体箱庭疗法干预初中生考试焦虑的效果［J］.心理与行为研究.2006，4（4）：290–296.

［11］林惠彬，陈顺森，刘茂锋.箱庭干预女大学生失眠的效果.

［12］Edith，K. 儿童艺术治疗［M］.江雪滢，译.台北：心理出版社，2004：40.

［13］曹广健．服刑人员团体心理辅导策略［M］．北京：中国财政经济出版社，2013.

二、英文文献

［1］R.Coyne and R.Silver，"Direct，Vicarious，and Vicarious-Process Experiences，" small Group Behavior 11（1980）：419-29.R.Rosner，L.Beutler，and R.Daldrup，"Vicarious Emotional Experience and Emotional Expression in Group Psychotherapy，" Journal of Counseling Psychology 56（2000）：1-10.

［2］B.Buchle，"Etiolog and Management of Anger in Group：A Psychodynamic View，" International Journal of Group Psychotherapy 45（1995）：275-85. A.Alonso，"Discussant Comments for Special Section on Anger and Aggression in Groups，" International Journal of Group Psychotherapy 45（1995）：331-39.

［3］Bonanno GA，Kaltman S. The varieties of grief experience.Clinical Psychology Review，2001，21（5）：705-734.

［4］Prigerson HG，Vanderwerker LC，Maciejewski PK. A Case for Inclusion of Prolonged Grief Disorder in DSM-V，2008.

［5］Prigerson HG，Horowitz MJ，Jacobs SC，et al. Prolonged grief disorder：Psychometric validation of criteria proposed for DSM-V and ICD-11. PLoS Medicine，2009，6（8）：e1000121.

［6］Aata.About Art Therapy.http：//www.arttherapy.org/about.htm.

［7］W. James，The Principles of Psychology，vol.1（New York：Henry Holt，1890），293.

［8］L.Syme，Social Support and Health（Orlando，Fla.：Academic Press，1985）.

［9］J.Norcross，"Personal Therapy for Therapists：One Solution，96th annual meeting of the American Psychological Association：The Hazards of the Psychotherapeutic Practice for the Clinician（1988，Atlanta，Georgia），" Psychotheray in Prvate Practice 8（1990）：45-59.